FÜR FREIHEIT BEREUE ICH NICHTS

POLITISCHE ESSAYS UND GEDICHTE

SHOKJANG

aus dem Tibetischen übersetzt
von Antonius Walter

Lungta VERLAG

© Lungta Verlag, Berlin 2018

www.lungta-verlag.de

Foto Shokjang: Unbekannter Fotograf

Covergestaltung: Rinzin Wangmo

Layout Innen: Marcella Merholz, Maren von Stockhausen

Satz & Reinzeichnung: Maren von Stockhausen

Druck und Verarbeitung:

Oktoberdruck AG Berlin

Printed in Germany

ISBN 978-3-00-058871-6

INHALT

9 VORWORT DER HERAUSGEBERIN

13 BRIEF AN THERANG UND MEINE FREUNDE
23 KONFLIKT UND AUSSÖHNUNG:
EINE ANTWORT AN LIU JUNNING
37 SOLL MAN AUF DIE ANWEISUNGEN
DER PARTEI HÖREN?
43 HEUTE NACHT BIN ICH DAHEIM IM GRASLAND
45 TÜR UND FENSTER
49 ERINNERUNG AN DEN PANCHEN LAMA
ERINNERUNG AN DIE 70.000-ZEICHEN-PETITION
65 FEUER
67 NOTIZEN ZUR FREIHEIT
77 316
79 BERUFUNG AN DAS OBERSTE VOLKSGERICHT
DER PROVINZ TSHO-NGÖN
97 HIER KOMME ICH

101 WER IST SHOKJANG?
EIN GESPRÄCH MIT KUNCHOK DHUNDUP

111 NACHWORT

VORWORT DER HERAUSGEBERIN

Tibet Initiative Deutschland e.V.

Dieses Buch ist kein gewöhnliches Buch. Es ist ein Akt des Widerstands und ein Weckruf an die Welt.

Der Autor Shokjang lebt in einem Land, das seit Jahrzehnten ein politisches Trauma durchlebt. Tibet ist seit 1949/50 von China besetzt. Das tibetische Volk wird im eigenen Land sozial, politisch und kulturell unterdrückt.

Trotzdem halten die Tibeter am gewaltlosen Widerstand fest. Zuletzt kam es 2008 im Vorfeld der Olympischen Spiele in Peking zu Aufständen von historischem Ausmaß, die die chinesische Führung gewaltsam niederschlug. Zu dieser Zeit war Shokjang Student und organisierte mit seinen Kommilitonen Proteste an der Universität. Dieses Schicksalsjahr hat insbesondere die junge Generation von Tibetern geprägt. Tausende sind für Unabhängigkeit und Gerechtigkeit aufgestanden. Ein neues politisches Bewusstsein ist erwacht.

Seither hat sich die Lage in Tibet noch weiter verschärft. Heute können sich die Tibeter in ihrem eigenen Land nicht einmal mehr frei bewegen: überall Überwachungskameras, Polizei-Checkpoints und Militärpräsenz. Tibet ist belagert. Protest ist so gut wie unmöglich.

9

Seit 2009 haben sich über 150 Tibeterinnen und Tibeter selbst verbrannt. Diese drastische Form des Protests spricht ein klares Urteil über das Versagen der chinesischen Regierung – ein selbstbestimmtes Leben unter Fremdherrschaft ist unmöglich.

Ein Ende des Konflikts ist derzeit nicht in Sicht. Der Dalai Lama und die tibetische Exilregierung bemühen sich seit den späten 1980er Jahren um einen Dialog mit China. Die Politik des *Mittleren Weges,* die eine echte Autonomie für Tibet anstrebt, lehnt die chinesische Regierung kategorisch ab.

China ist mittlerweile zu einem Global Player geworden und setzt seine geopolitische und wirtschaftliche Macht geschickt ein. Regierungen, Konzerne, Bildungsinstitutionen und selbst internationale Organisationen lassen sich allzu oft zensieren, wenn es um das Thema Tibet geht.

Shokjang schreibt: „Die Freiheit nicht zu nutzen, wenn man sie hat, ist fast so, als hätte man sie gar nicht." Er lässt sich nicht zensieren. Shokjang schreibt, was er denkt. Sein Protest ist das Wort. Das Ringen um Selbstbestimmung und Freiheit zieht sich wie ein roter Faden durch seine Schriften.

FÜR FREIHEIT BEREUE ICH NICHTS enthält sowohl Blogposts als auch Gedichte und Essays. Einiges davon hat Shokjang im Internet auf seinem *WeChat-* oder *Weibo*-Profil[1] und auf tibetischen Blogs veröffentlicht. Andere Texte sind Auszüge seiner im Untergrund publizierten Bücher.

Das Schreiben und Verbreiten kritischer Texte ist in Tibet lebensgefährlich. Der Lungta Verlag wurde 2009 von der Tibet Initiative Deutschland e.V. gegründet, um für tibetische Autoren, die von der chinesischen Regierung zensiert, verfolgt, verhaftet und mit aller Macht mundtot gemacht werden, Öffentlichkeit zu schaffen. Diese mutigen Stimmen müssen gehört werden.

Shokjang ist die Stimme der neuen Generation Tibets. **FÜR FREIHEIT BEREUE ICH NICHTS** ist sein Manifest.

Wenn dieses Buch erstmalig erscheint, ist Shokjang noch in Haft.

Sonja Finkbeiner, Vorstand
Nadine Baumann, Geschäftsführung

---

1   *WeChat* und *Weibo* sind chinesische Kurznachrichten- und Mikrobloggingdienste ähnlich wie *Twitter, Facebook* und *Whatsapp*.

BRIEF AN THERANG
UND MEINE FREUNDE[1]

Mein lieber Freund,

vor kurzem erreichte mich ein Anruf deiner Verwandten, und als ich erfuhr, dass du bei guter Gesundheit bist, habe ich mich von Herzen gefreut. Auch bete ich ununterbrochen darum, dass es auch den anderen Freunden gut geht. Auch wenn es unter einem totalitären Gesetz keinerlei Hoffnung darauf gibt, dass es einem gut geht, was können wir schon anderes machen außer so zu tun als würden wir Zuversicht haben. Völlig außerstande, irgendetwas zu tun, schreibe ich dir hier in Silling in diesen ruhigen Nachtstunden diesen Brief.

Ich muss mich bei dir entschuldigen, denn in letzter Zeit habe ich es weder geschafft, dir einen Brief zu schreiben noch mich bei deiner Familie nach deinem Wohlergehen zu erkundigen. Genauso erging es mir mit anderen Freunden, die dein Schicksal teilen. Ich bewundere euch, wie ihr nachdem ihr im Gefängnis grenzenlosem Leid ins Antlitz geblickt habt, die Fahne der Gerechtigkeit immer noch hoch gen Himmel haltet. Obwohl es scheint, dass ich mit all meinen

---

1 In diesem Brief richtet sich Shokjang an seine inhaftierten Freunde, allesamt tibetische Autoren, die sich in ihren Schriften kritisch zur Tibet-Politik der chinesischen Regierung äußern. Dazu zählen u. A. Therang, Nyen, Buddha und Kirti Kyab. Shokjang wurde 2010 zusammen mit seinem Kommilitonen und engem Freund Therang, mit bürgerlichem Namen Tashi Rabten, in deren Studentenzimmer verhaftet. Seit seiner Entlassung 2014 lebt Therang als Schriftsteller in Ngaba in Amdo, wo er auch ein Café betreibt.

Fähigkeiten und all meinem Mut nichts Unehrenhaftes verursacht habe, bin ich, um die Wahrheit zu sagen, zutiefst betrübt darüber, dass ich in den letzten zwei Jahren nichts zustande gebracht habe, was mich selbst zufriedenstellen würde, von etwas, das jemanden erfreuen würde, ganz zu schweigen.

Lieber Freund, der Grund, warum ich heute an dich und unsere Brüder schreibe, ist, dass in unserem Land einige äußerst beängstigende Dinge geschehen sind und noch weiterhin geschehen. Ich will sagen, wenn wir den heldenhaften Thubten Ngodup[2] dazuzählen, haben sich in den letzten paar Jahren 51 Tibeter[3] in den Flammen geopfert. Darunter befanden sich sowohl Mönche als auch Laien, Frauen wie Männer. Alle Welt war schockiert, als der tibetische Heldenmut ihnen die zwei Drittel der Welt beherrschende brutale Macht offenkundig vor Augen führte. Trotzdem wenden die totalitären Machthaber noch immer mitleidlos, furchtlos und hemmungslos ihre brutalen Unterdrückungsmethoden an.

Mein teuerster Freund, für den Moment leben wir in einem Zustand der Schwäche und Machtlosigkeit unter der totalitären Herrschaft. Allein aus dem Verlangen nach Gerechtigkeit, sagen viele Hunderttausende,

---

2   Während eines Hungerstreiks 1998 in Delhi, organisiert vom tibetischen Jugendkongress, verbrannte sich Thubten Ngodup aus Protest gegen die chinesische Regierung selbst. Zwei Tage danach starb er in einem Krankenhaus. Es war der erste Fall einer Selbstverbrennung unter Tibetern.

3   Als Reaktion auf die Repressionen nach den Protesten von 2008 haben sich seit 2009 viele Tibeter als Zeichen des Protests gegen die chinesische Regierung selbst verbrannt. Zum Zeitpunkt der Entstehung dieses Textes im Jahr 2012 waren es 51. Bis 2018 haben sich 150 Tibeter in Tibet selbst verbrannt.

obwohl sie schwach und unbedeutend sind: Tibeter kennen nicht die geringste Spur von Furcht oder Zögern! Wir Tibeter leben am höchsten Ort der Erde auf dem prächtigen Hochplateau diesseits des Himalaya. Wir glauben an die ehrenhafte Religion, wir streben nach weißen Taten! Wir Tibeter folgen dem weißen Weg und streben nach Freiheit und Gerechtigkeit! Das ist das Volk, auf das du stolz sein darfst, auf das auch ich stolz bin. Dieses Volk hat es verdient, für immer in Frieden und Freiheit zu leben. Die Kommunistische Partei aber, die einzig um ihres eigenen Vorteils willen auf den Rechten anderer völlig willkürlich herumtrampelt, streckt ihre dämonische Hand nach den Tibetern aus und lässt Gerechtigkeit völlig außer Acht. Am Ende rufen die Heldinnen und Helden mit klarer Stimme nach Freiheit und Frieden, während sie sich selbst anzünden. Sieh her! Für jeden Menschen ist der Wert seines Lebens unermesslich. Und doch ließen sie, die ihre Hände voller Glauben vor dem Herzen falten, die totalitären Machthaber erzittern. Höre hin! Sie riefen die lebendige Stimme der Gerechtigkeit, die keinem, sich selbst nicht und nicht anderen, etwas zu Leide tut, wieder ins Gedächtnis der totalitären Machthaber. So ist es in Tibet, je mehr Grausamkeit und Brutalität angewendet wird, umso furchtloser und unerschrockener sind die Tibeter. Hast du davon gehört, teurer Freund?

Lieber Freund! Auch wenn ich jetzt kein Wort herausbringe und meine Hände zittern, diesen Brief muss ich unbedingt zu Ende bringen. Jetzt wo ihr ins finstere Gefängnis geworfen wurdet und die anderen ins Feuer gegangen sind, müssen ich und die anderen ausdrücklich über Gerechtigkeit sprechen. Das ist unsere Pflicht und das schwören wir, weil wir das Schicksal und gesunden Menschenverstand nicht ignorieren. Ich habe nun vollständig begriffen, dass eine Gesellschaft Menschen braucht, die die Saat der Gerechtigkeit säen. Hört mir gut zu, meine teuren Freunde, ich möchte euch die Ereignisse der letzten Zeit kurz zusammenfassen.

Zuerst wurde folgende Nachricht bekannt: Bei den diesjährigen Olympischen Spielen hat eine Tibeterin teilgenommen.[4] Sie hat im Gehen über 20 Kilometer den dritten Platz belegt und die Bronzemedaille gewonnen. Wie es in den Nachrichten hieß, ist sie damit in ganz Asien in die Geschichte eingegangen, und zehntausende Tibeter im In- und Ausland feierten dieses Ereignis euphorisch. Die chinesische Regierung hat das übliche scheinheilige Affentheater aufgeführt. Nachdem ihr diese Nachricht gehört habt, ist eure Brust vielleicht vor Stolz geschwollen, aber wenn ihr das Nachfolgende lest, werden sich eure Herzen unweigerlich mit Trauer anfüllen.

So hat sich im August desselben Jahres in der Nähe des Guthog-Klosters in der Stadt Tsö im Bezirk Ganlho die 26-jährige Drönkar Kyi, Mutter zweier Kinder, wegen der Not der Tibeter selbst verbrannt. Sie hinterließ einen Abschiedsbrief. Als wir diesen Abschiedsbrief lasen, waren wir zutiefst gerührt und brachen in Tränen aus. Wir, eigentlich hartgesottene Kerle, die nicht leicht eine Miene verziehen, verloren voll-

---

4 Choeyang Kyi, geboren in Tsojang in Amdo, hat als erste Tibeterin an den Olympischen Spielen teilgenommen.

ständig unsere Fassung. Ich habe von Freunden gehört, dass es vielen Tibetern genauso erging wie mir. Nachdem ich den Abschiedsbrief dieser bemerkenswerten Frau gelesen hatte, schämte ich mich und hatte den Eindruck, dass alles was ich bisher gesagt hatte, nicht mehr als Luftblasen waren. Trotzdem konnte ich, wenn ich daran dachte, dass der Tag, an dem sich unser Schicksal erfüllt, noch weit von uns entfernt ist, nichts weiter tun, als mich zu zwingen, die Ohren zu verschließen und einfach so weiterzumachen wie bisher.

Nachdem sie sich selbst verbrannt hatte, kehrten alle aus Labrang, die beim Shenglong-Fest waren, nach Hause zurück. Meiner Meinung nach zeigten sie dadurch ihr Mitgefühl und ihre Trauer. Ich, als jemand der aus Labrang stammt und auch in der Verzweiflung die Hoffnung nicht aufgibt, freue mich unermesslich darüber.

Gestern Abend, am 12. August 2012 um 18:30 Uhr, haben sich zwei Tibeter selbst verbrannt. Diesmal gab es Gerangel und eine Auseinandersetzung um die Leichname zwischen der Menschenmenge und dem Militär. Dabei, so hört man, soll ein Soldat einen Tibeter getötet haben. Später, etwa um 20:30 Uhr, hat sich eine weitere Person selbst verbrannt, weshalb alle Tibeter sehr aufgebracht waren und die Chinesen allerorts brutale Gewalt anwendeten. Wie die tibetische Menge Slogans rufend durch die Straßen zog, habe ich nur aus den Nachrichten erfahren. Ich hatte nicht die Möglichkeit selbst vor Ort zu sein. Wenn ich an die heldenhaften Taten derer denke, die ihr Leben für ein Ideal opfern, bin ich einfach nur überwältigt. Mein Freund, wäret ihr bloß da gewesen, auch wenn ich nicht weiß, wie ihr Freunde euch verhalten hättet! Seit ihr fortgegangen seid, haben diejenigen, die vorgeben, von Gerechtigkeit zu schreiben, nur Schaum geschlagen. Wenn man das mit analytischem Blick betrachtet, sieht man nur was weiß ich was, aber von Empathie ist nicht die geringste Spur zu sehen. Ich bin ratlos.

Ich glaube wohl, dass der Tiger noch ein oder zwei Junge im Nest versteckt hat. Ist es unser Schicksal, dass wir uns immer auf die Tapferkeit und den Mut von ein oder zwei anderen stützen müssen? Wenn ich so darüber nachdenke: Ach, in unserem friedliebenden Volk gibt es doch nur sehr wenige Intellektuelle! Wenn wir einen Intellektuellen hätten, der sich wie Sokrates überhaupt nicht vor der Folter der Autokraten fürchtet ...! Wenn wir jemanden hätten, der wie Mandela den Kopf nicht senkt vor der Gewalt der Kommunisten! Wenn ...! Wenn es nur Früchte getragen hätte, dass wir das Leiden der Bevölkerung aufschreiben, hätten dann diese heldenhaften Frauen und Männer, die es vermochten, im roten Feuer zu verbrennen, alleine sterben müssen? Wenn ich mir vor Augen halte, dass keiner über die Wahrheit geschrieben hat, seit sie von uns gegangen sind, dann sinkt freilich auch mein Mut, dir diesen Brief zu schreiben. Aber wenn wir lernen, dieses Schweigen zu vermeiden, werden wir dann endlich unbezwingbar sein?

Lieber Freund, gerade als die Schreie dieser Helden die Erde haben erzittern lassen, wurde gleichzeitig in der sogenannten Heimat der Dunglen-Musik[5], in

Matschu, das „Gesar"-Pferderennen[6] im Rahmen eines großen Festes veranstaltet[7]. So wie ich es verstanden habe, soll bei diesem Pferderennen das höchste Preisgeld 200.000 Yuan betragen haben. War es, weil in Matschu künstlerische Berufe, wie die der Dunglen-Spieler, zu sehr verbreitet sind? Jedenfalls prahlten die jungen Männer in Matschu ziemlich mit diesem teuren Fest und zelebrierten dieses Ereignis beim Festakt mit einem riesigen Feuerwerk. Wenn es hier darum geht, mit dem Reichtum Matschus zu prahlen, dann ist das wirklich lächerlich und gleicht absolut der Propaganda der kommunistischen Regierung. Die kommunistische Regierung spricht davon, dass die chinesische Wirtschaft einen hohen Rang in der Welt erreicht hat. Auch wenn es überall heißt, dass die chinesische Wirtschaft derzeit weltweit die zweitgrößte sei, wissen wir doch ganz genau, wie das Leben der Bevölkerung in Wirklichkeit aussieht. Deshalb wird uns ganz bange, wenn wir solch ein gleichgültiges Verhalten sehen. Egal welche Blogs oder Feeds man liest, es scheint nur wenige zu geben, die keine Meinung zum Pferderennen in Matschu haben. Wenn ich an diese paar jungen Männer aus Matschu denke, die Rachegefühle hegen, weil sie meine Kritik falsch verstehen, dann vermisse ich euch Freunde umso mehr. Aber das ist noch nicht genug! Jetzt ist Matschu von vielen chinesischen Soldaten umstellt und wo auch

---

5   Osttibetische Musik mit meist kritischen Texten, die gewöhnlich auf einer Art Laute vorgetragen wird.

6   Gesar ist der tibetische Nationalheld, dem einer der längsten Epen gewidmet ist.

7   Shokjang hat das von den chinesischen Behörden veranstaltete Fest in Matschu öffentlich kritisiert, da es seiner Meinung nach für Propagandazwecke instrumentalisiert wurde.

immer man sich verängstigt aufhält, kann man nichts anderes tun, als ein wenig zu weinen. Da bleibt einem die Luft weg!

Nachdem viele ihr Leben im roten Feuer hingegeben haben, geben einige immer noch nicht den Autokraten klein bei im Streit um das Wohlergehen der Tibeter, obwohl sie drauf und dran sind, ihr Augenlicht zu verlieren. (Weil ich gehört habe, dass Kirti Kyabs Sehvermögen sehr schlecht ist, habe ich mich nach seinem Befinden erkundigt.)[8]

Wenn ich sehe, wie manche es anderen nach allen Kräften Recht machen, weil sie nicht für ihr eigenes Tsampa[9] sorgen können, dann sind sie in einem sehr traurigen Zustand. Und ja, es ist schwer für die Gerechtigkeit ins Gefängnis zu gehen oder seinen Körper im Feuer zu opfern, aber nur an sich selbst zu hängen und ein Loblied auf jemanden zu singen, der einen um sein Erbe gebracht hat, das ist wirklich absolut unfassbar!

Lieber Freund! Auch wenn ich vorhabe, diesen Brief zu Ende zu schreiben – wenn ich mir diese Szenen wieder ins Gedächtnis rufe, dann werde ich von Trauer übermannt. Deshalb bin ich unfähig, euch weiter alle Ereignisse einzeln zu berichten. Auch weiß ich nicht, ob ihr diesen Brief hier erhalten werdet.

---

8   Kirti Kyab aus Ngaba in Amdo gehört ebenfalls zu den inhaftierten Freunden, an die sich Shokjang in diesem Brief wendet. Man kann davon ausgehen, dass er sich Sorgen um eine Sehbehinderung macht, die durch Folter entstanden sein könnte.
9   Tsampa, geröstetes Gerstenmehl, ist das tibetische Grundnahrungsmittel. Hier ist also das tägliche Brot gemeint.

Wenn ich mir diese widersprüchlichen Umstände vor Augen führe, weiß ich nicht recht, was ich euch noch sagen soll. Deshalb werde ich es hierbei belassen. Wenn ihr mehr hören wollt, dann will ich bestimmt beim nächsten Mal meine Erzählung fortsetzen.

Ich führe derzeit in Silling, der alten Festung, das Leben eines Bettlers und Herumtreibers. In letzter Zeit habe ich nichts weiter erlebt, das sich zu verfolgen lohnte. Ich wurde weder verhört noch verhaftet. Nichts auf die Gerüchte und den Tratsch anderer gebend, habe ich am 21. und 22. Juni 2012 an einer Konferenz über tibetische Geschichte in Silling teilgenommen und habe dort einen Vortrag, der für alle interessant schien, gehalten. Weil viele Freunde aus den einzelnen tibetischen Regionen zusammentrafen, war unser Karma gut. Aber viele Leute, die unbedingt kommen sollten, konnten aufgrund widriger Umstände nicht teilnehmen. Viele unter den Angereisten wurden zudem kurzzeitig festgehalten und konnten nicht an der ganzen Konferenz teilnehmen. Nachdem diese schöne, aber auch irgendwie traurige Arbeit abgeschlossen war, bin ich etwas ruhiger geworden und habe gelesen. Zu dieser Zeit sind die ganzen Dinge geschehen, die ich oben kurz beschrieben habe und ich war sehr betrübt. Außerdem habe ich mit einigen Freunden Rangdröls[10] Mutter besucht. Bei dieser Gelegenheit haben wir uns von unseren Erinnerungen erzählt. Einige fragten zwar, was es für

---

10 Rangdröl ist das Pseudonym für den Schriftsteller Döndrub Gyel. Er wird als Vater der modernen tibetischen Literatur gepriesen. 1985 hat er vermutlich Selbstmord begangen.

einen Sinn mache, den Spuren eines Toten zu folgen, aber ich dachte nur an sein Werk und an seine Sache.

Im Übrigen, der Inhalt des Buches, das du unbedingt lesen wolltest, ist nicht sehr bemerkenswert. Aber ich konnte es dank eines Freundes besorgen und habe es deiner Familie gegeben. Über die Aussicht, dass es dir ein wenig Erholung verschafft, freue ich mich endlos.

Wie sich unser Schicksal in Zukunft entwickeln wird, ist ungewiss, weil wir diesen dornigen Pfad gewählt haben. Wenn wir von Anfang an schwören, dass wir ohne jegliche Reue und Zögern vorwärtsgehen, ja, dann werden wir wahrlich Glück und Freude erfahren!

Geschrieben von Shokjang
in einer Nacht in Silling.

14. August 2012

EINLEITUNG

KONFLIKT UND AUSSÖHNUNG: EINE ANTWORT AN LIU JUNNING

von David Demes

Der nachfolgende Text ist ein interessantes Beispiel für eine Debatte zwischen einem tibetischen und chinesischen Intellektuellen zum Thema regionale Autonomie innerhalb des chinesischen Staatsgebiets.

Nach der Besetzung unterteilte die chinesische Regierung Tibet in die Autonome Region (TAR) und weitere autonome Gebiete, die sie den Provinzen Sichuan, Qinghai, Yunnan und Gansu zuordnete. Laut chinesischer Verfassung sollen die Tibeter und alle sogenannten „nationalen Minderheiten" Autonomierechte genießen, die den Erhalt ihrer Kultur und Sprache gewährleisten sollen. In Wahrheit haben die Tibeter in ihrem eigenen Land allerdings kaum Mitspracherecht. Obwohl in den lokalen Regierungen viele Tibeter vertreten sind, sind die relevanten Parteiposten mit Chinesen besetzt. Alle wichtigen Entscheidungen werden ohnehin von der Zentrale in Beijing getroffen.

In dieser Einleitung und im nachfolgenden Essay werden häufig die Begriffe „Minderheiten" und „Nationalitäten" verwendet. Dieses Vokabular ist politisch durchaus umstritten. Es gehört zu einem offiziellen chinesischen Narrativ, das konstruiert wurde, um die Besetzung und Kolonialisierung der Gebiete der Tibeter, Uiguren und Mongolen zu legitimieren. Im Rahmen der theoretischen Diskussion, die sich auf das politische System der Volksrepublik China bezieht, ist die Verwendung dieser Terminologie allerdings unabdingbar. Hier sollte auch darauf hingewiesen werden, dass Shokjang allein in diesem Kontext von „Nationalitäten" spricht, in seinen anderen Texten aber das tibetische Volk als eigenständige Nation hervorhebt.

Der folgende Essay ist eine Antwort Shokjangs auf einen öffentlichen Debattenbeitrag des chinesischen Politikwissenschaftlers Liu Junning in der chinesischen Online-Ausgabe des *Wall Street Journals.* Liu ist Wissenschaftler am Institut für chinesische Kultur und ein führender liberaler Denker unter Chinas Intellektuellen. Er war einer der ersten Unterzeichner von Liu Xiaobos „Charta 08"[1] und wurde für seinen Einsatz für politische Reformen schon mehrfach von den Behörden verwarnt.

Der „Kunming-Zwischenfall", bei dem am 1. März 2014 eine Gruppe uigurischer Extremisten im Bahnhof der südchinesischen Stadt Kunming 34 Menschen mit Messern getötet und viele weitere schwer verletzt hatte, erschütterte die chinesische Gesellschaft zutiefst. Viele Intellektuelle nahmen dieses Ereignis zum Anlass, die Minderheitenpolitik der chinesischen Regierung zu hinterfragen – so auch Liu Junning.

---

1 Die Charta 08 ist ein von chinesischen Intellektuellen und Bürgerrechtlern verfasstes Manifest, das zu politischen Reformen und zur Demokratisierung in der Volksrepublik China aufruft.

In seinem Artikel „Überdenken der Politik der regionalen Autonomie der Nationalitäten im Lichte des Zwischenfalls von Kunming" sieht Liu die Ursachen für die anhaltenden ethnischen Konflikte in der Volksrepublik in der bürokratischen Einteilung der Gesellschaft in verschiedene Volksgruppen und den daraus resultierenden „Sonderrechten" nationaler Minderheiten, wie z. B. das Recht auf regionale Autonomie. Einerseits argumentiert er gegen eine zentralisierte Staatsmacht, andererseits ist er ein dezidierter Gegner der Autonomierechte nationaler Minderheiten.

Liu argumentiert, dass die Klassifikation der nationalen Minderheiten und deren zugrundeliegende Definition ein Relikt stalinistischer Ideologie sei. Sie sei weder klar genug definiert noch sei sie zeitgemäß. Daraus folgt, so Liu, dass die auf dieser Klassifikation aufbauenden Autonomierechte nationaler Minderheiten nicht nur nicht umsetzbar, sondern auch ausgrenzend und intolerant seien. Sie verursachten schließlich nur Segregation, Hass und ethnische Konflikte.

Liu kritisiert, dass nur ethnische Minderheiten ein Recht auf Autonomie hätten, die Mehrheit der Chinesen jedoch nicht. Er vergisst dabei, dass die wichtigsten Posten in Staat und Partei – auch die in den sogenannten Minderheitengebieten – meist mit Chinesen besetzt sind. Er widerspricht dem beliebten Argument der Gegenseite, dass die aktuellen Konflikte keine Folge der Autonomieregelung selbst seien, sondern vielmehr eine Folge der mangelhaften Ausführung dieser Regelung, und er argumentiert, dass das Umsetzen der bestehenden Autonomierechte zur

Ausgrenzung großer Teile der Bevölkerung in den betroffenen Gebieten führen und noch extremere Konflikte verursachen würde. Liu tritt stattdessen für die Einführung eines föderalen politischen Systems ein, in dem die Bewohner einer Region theoretisch gemeinsam über ihre öffentlichen Angelegenheiten entscheiden, ohne den sogenannten ethnischen Minderheiten einen gesonderten Status und Sonderrechte zu gewähren.

Am Ende seines Essays schlägt Liu vor, dass in einem ersten Schritt auf dem Weg zu einer föderalen Republik die offizielle Klassifikation in verschiedene Nationalitäten abgeschafft werden solle, denn nur so sei eine echte Gleichberechtigung aller Bürger zu verwirklichen[2]. Dieser Vorschlag ist nicht neu, auch andere führende Wissenschaftler, wie der Soziologe Ma Rong, dessen Forschungsprojekte von der chinesischen Regierung großzügig gefördert werden, haben in der Vergangenheit diese Meinung vertreten. In seinem Essay warnt Shokjang allerdings davor, dass viele ethnische Minderheiten ein solches Vorhaben als einen finalen Angriff auf ihre jeweilige Volksgruppe verstehen könnten. Stattdessen unterstützt er Tsering Woesers[3] Ehemann, den chinesischen Intellektuellen Wang Lixiong, der sich für eine echte Autonomie und ein Ende der chinesischen Siedlungspolitik in den tibetischen und uigurischen Gebieten stark macht.

---

2   In der Volksrepublik China wird die Ethnie eines Bürgers wie „Han", „Uigure" oder „Tibeter" auf offiziellen Ausweisdokumenten dokumentiert.

3   Tsering Woeser ist eine der bekanntesten tibetischen Bloggerinnen und Schriftstellerinnen. Sie lebt in Beijing und wurde in der Vergangenheit von den chinesischen Behörden mehrmals unter Hausarrest gestellt.

Die meisten Debatten, die in der chinesischen Öffentlichkeit zum Thema Tibet stattfinden, sind kolonialistisch geprägt. Die Vorstellung, dass China Tibet „friedlich aus der Feudalherrschaft befreit" habe, ist das dominierende Narrativ. Die Tibeter werden in diesem Kontext oftmals als unzivilisiert, ungebildet und unfähig, sich selbst zu regieren, dargestellt. Dabei werden die Geschichte und Zivilisation Tibets außer Acht gelassen. Selbst liberale Chinesen wie Liu Junning verfallen so einem Diskurs, der das Selbstbestimmungsrecht der Tibeter negiert.

KONFLIKT UND AUSSÖHNUNG: EINE ANTWORT AN LIU JUNNING

Ihr Artikel „Überdenken der Politik der regionalen Autonomie der Nationalitäten im Lichte des Zwischenfalls von Kunming" ist nach meiner festen Überzeugung ein ausgezeichneter Text. Ihre Ansätze hinsichtlich regionaler Autonomie der Nationalitäten weichen deutlich von denen Ma Rongs ab. Obwohl viele Intellektuelle in Tibet sehr erstaunt sind über das, was Sie gesagt haben, denke ich, dass Ihre Positionen bei reiflicher Überlegung kein Grund zur Aufregung sind.

Als ich Ihren Artikel las, erinnerte er mich an etwas, das Ma Rong geschrieben hatte. Als jemand, der regelmäßig Ihre Artikel liest, war ich mir bis heute sicher, dass sich Ihre Ansichten zur regionalen Autonomie der Nationalitäten gänzlich von denen Ma Rongs unterscheiden. Wenn man Ihre Texte mit denen von Ma Rong im Ganzen vergleicht, so wird dies auch ganz deutlich. Kürzlich habe ich zwei Artikel, einen von Ihnen und einen von Wang Lixiong, ins Tibetische übersetzt und veröffentlicht. Ich möchte mich nachträglich entschuldigen, dass ich vorab nicht um Ihre Erlaubnis gebeten hatte. Meine Absicht war es, die gegensätzlichen Ansichten zu diesem Thema einer breiten tibetischen Öffentlichkeit zugänglich zu machen, um Meinungsaustausch und Diskussion zu diesem Thema anzuregen. Ich werde im Folgenden zu den Ideen, die Sie im Artikel geäußert haben, meine ganz persönlichen Ansichten darlegen und ich möchte mich dafür entschuldigen, dass ich erst jetzt dazu komme.

Grundsätzlich bin ich nicht der Auffassung, dass die regionale Autonomie die Hauptursache der Konflikte zwischen den unterschiedlichen Nationalitäten in der Volksrepublik China ist. Wie Sie richtig sagen, hat Stalin das Autonomiesystem dazu benutzt, die Ziele eines totalitären Regimes zu erreichen. Nun jedoch daraus zu schließen, dass deshalb auch die Konflikte der Nationalitäten in der heutigen Volksrepublik China im Prinzip aus der regionalen Autonomie resultieren, ist meiner Meinung nach unschlüssig. Im Gegenteil, es wäre gut, wenn das System der regionalen Autonomie der Nationalitäten der Beginn einer echten lokalen Selbstverwaltung sein könnte. Die Konflikte in der Volksrepublik China werden offensichtlich von Jahr zu Jahr gravierender. Ich bin auch der Auffassung, dass der einzige Ausweg aus diesen Konflikten die Einführung eines Systems der autonomen Provinzen ist. Daher wäre es sehr gut, wenn das gegenwärtig praktizierte System der regionalen Autonomie der Nationalitäten in ein System autonomer Provinzen umgewandelt werden würde. Ich glaube, dass dies enorm dazu beitragen würde, die Konflikte der Nationalitäten in China zu lösen.

In jüngster Zeit ist die Nationalitätenfrage der Tibeter und Uiguren der schwerwiegendste Konflikt für China geworden. Diese Konflikte haben niemals mit dem System der regionalen Autonomie der Nationalitäten zu tun. Manche Ereignisse passieren, weil die Menschen ein historisches Bewusstsein haben. Es ist nicht leicht, das kollektive Gedächtnis zu löschen.

Ihr Vorschlag, den Begriff „Ethnie" abzuschaffen, ist nicht nur sinnlos als Lösungsansatz, sondern im

Gegenteil, es ist auch nicht auszuschließen, dass dies in den Herzen der Menschen ein unvergleichbares Gefühl der Angst hervorruft und als Bedrohung für die eigene Existenz als Nationalität empfunden wird. Wie Sie sehr genau wissen, ist die gegenwärtige Regierung mit aller Kraft dabei, die groß angelegte Übersiedlung von Chinesen in unsere Gebiete umzusetzen sowie im Namen des Fortschritts die Sprache, Kultur und Religion der ethnischen Minderheiten mit allen Mitteln zu kontrollieren. Wenn eines Tages das System der regionalen ethnischen Autonomie vollends aufgegeben ist und die letzten Angaben über Identität wie „Ethnie" in Ausweisen und anderen offiziellen Dokumenten vollkommen wegfallen, können wir schon jetzt davon ausgehen, dass die ethnischen Minderheiten mit ihrer einzigartigen Schrift und Sprache, ihrer Kultur und ihren traditionellen Gewohnheiten Gefahr laufen, durch Anpassung und Assimilierung völlig zu verschwinden. Wenn dies geschieht, wird es zweifellos eine unfassbar schmerzende Wunde in den Herzen und Köpfen aller hinterlassen, die einer ethnischen Minderheit angehören.

In Wirklichkeit existiert die regionale Autonomie der Nationalitäten lediglich auf dem Papier. Wie „autonom" die Regionen wirklich sind, verrät uns doch schon die Anzahl der Funktionäre der ethnischen Minderheiten in der lokalen Verwaltung! Eigentlich garantiert das System der regionalen Autonomie der Nationalitäten eine relative Unabhängigkeit. Daraus folgt, dass die Nationalitäten Sonderrechte gegenüber der Zentralregierung genießen, damit sie ihre Sprache, Kultur und Religion wahren können. Die Intellektuellen der ethnischen Minderheiten müssen sich heute mit großer Sorge ansehen, wie ihrer Schrift und Sprache, ihrer Kultur und Religion Verfall und Untergang drohen. Wenn die Zentralregierung die Politik einer tatsächlichen Autonomie in den Gebieten der ethnischen Minderheiten wirklich umsetzen würde, so würde das sehr viel dazu beitragen, die wichtigsten Angelegenheiten dieser Menschen zu regeln. Jedoch: Wenn die Autonomie der Nationalitäten für alle internen Konflikte und Heimsuchungen in China verantwortlich gemacht wird, geschieht dann nicht genau das, was Wang Lixiong als „das letzte Schutzschild ethnischer Minderheiten zu zerstören" bezeichnet hat?

Als Liberaler wissen Sie doch, was das Recht eines Volkes auf Selbstbestimmung genau bedeutet. Warum enthält China den Tibetern, Uiguren und anderen dieses Recht gänzlich vor? Kann es sein, dass Sie sich aus irgendeinem mir nicht bekannten Grund diesem Diskurs entziehen? Anders ausgedrückt, warum wird uns das Recht genommen, unsere eigene Schrift, Sprache und Religion zu bewahren? Kürzlich wurde ein Uigure verurteilt, weil er eine große Menge religiöser Bücher verkauft hat. In Tibet dürfen wir in unseren eigenen vier Wänden keine Fotos von unserem hochverehrten religiösen Führer, Seiner Heiligkeit dem Dalai Lama aufstellen. Hat dies mit den „Sonderrechten" unserer Autonomie zu tun? Woran liegt es, dass uns selbst diese geringsten Rechte nicht gewährt werden?

Früher habe ich Ihren Artikel „Recht auf Vereinigung" gelesen, der mich sehr inspiriert hat und den ich deshalb ins Tibetische übersetzt habe. Wie Sie in Ihrem

Artikel feststellen, ist die Vereinigungsfreiheit ein wesentlicher Bestandteil der liberalen Demokratie. Für Alexis de Tocqueville stellt das Recht auf Vereinigung in der amerikanischen Verfassung eine außerordentlich große Errungenschaft dar. Wieso hat es hier in all den Jahren niemals das Recht auf Vereinigung gegeben? Liegt das daran, dass wir für Freiheit und Demokratie ungeeignet sind, oder weil wir die sogenannten Sonderrechte genießen? Zugegebenermaßen ist das Niveau der Allgemeinbildung relativ niedrig, aber darf man dies als Beweis für Unfähigkeit zur Demokratie anführen? Vertreten Sie nicht die Auffassung, dass ein freies demokratisches System jetzt im Stande wäre, die Allgemeinbildung der Bevölkerung zu verbessern? Warum wird in unserem eigenen Land selbst die Gründung von Vereinigungen verboten, die lediglich versuchen, unsere Sprache und Kultur zu schützen und zu bewahren?

Ich verstehe, was Sie sagen wollen. Auch ich hege den Wunsch, dass auf der Grundlage der Gleichheit aller Menschen ein System gut funktionierender autonomer Provinzen etabliert werden kann. Auch ich möchte niemals gewaltsame Ereignisse wie das Sterben von Menschen und das Umfallen von Pferden[1] erleben. Ich bin mir sicher, dass andere Tibeter mir zustimmen werden. Ich bin zutiefst überzeugt, dass dies ebenfalls die vorherrschende Meinung der Uiguren ist. Warum sollte es wirklich notwendig sein, die regionale Autonomie der Nationalitäten zu zerstören, um das gegenwärtige Model aufzubauen? Müssen wir

---

[1] Tibetisches Sprichwort, das kriegerische Ereignisse beschreibt.

wirklich alle Chinesen werden? Ich denke, dass dies eine sehr schlechte Sache wäre. In dieser Hinsicht stimme ich Wang Lixiong zu. Das Denken und das Wertesystem der Tibeter und Uiguren unterscheidet sich vollkommen von dem der Chinesen.

Wenn das System der Nationalitäten abgeschafft würde und alle einfach „gleichgemacht" würden, könnten die nationalen Minderheiten, wie oben erwähnt, infolge der Anpassung und Assimilierung vollständig verschwinden. Es ist durchaus möglich, dass die Unterschiede unserer Wertesysteme und Kulturen zu großen Konflikten führen. Das liegt daran, dass wir eigene Lebensweisen und Einstellungen haben, die weit in die Geschichte zurückgehen.

Seit vielen Jahrzehnten kämpfen Tibeter für Unabhängigkeit oder Autonomie. Dies zählt eindeutig zu den dringendsten internen Problemen des heutigen China. Für diese Sache haben über einhundert Tibeter ihr Leben geopfert[2]. So schnell wird diese Angelegenheit, die die ganze Welt erschüttert hat, nicht aus dem Bewusstsein verschwinden. Selbst wenn das System der regionalen Autonomie der Nationalitäten durch ein System der autonomen Provinzen ersetzt werden würde, könnten die Tibeter diese historische Episode des Grolls und der Bitterkeit nicht einfach aus ihrem Gedächtnis löschen. Weshalb? Die Tibeter wollen keine Verschärfung der Konflikte in China, indem sie die Unterschiede der Nationalitäten unterstreichen, sondern lediglich ein System, das wahr-

---

2 Damit spricht Shokjang die Selbstverbrennungen in Tibet an.

hafte Autonomie garantiert. Und wir dürfen die Uiguren nicht vergessen! Auch sie wollen wahrscheinlich ein solches System der Autonomie. Daher halte ich die Bestrebung, die Rechte der Nationalitäten zu zerstören, für einen sehr gefährlichen Plan. Im Gegenteil: Wenn ein System der autonomen Provinzen auf der Grundlage des aktuellen Systems der regionalen Autonomie der Nationalitäten und basierend auf dem Prinzip von Freiheit und Gleichheit etabliert werden würde, würden meines Erachtens viele Konflikte einfach nachlassen und verschwinden.

Seit den frühen 1980er Jahren setzt sich Seine Heiligkeit der Dalai Lama für die Autonomie der Tibeter ein. Ich halte dies für einen Ansatz, der nicht den eigenen Sieg und die Niederlage des anderen, sondern eine Lösung zum gegenseitigem Vorteil anstrebt. Mir ist bewusst, dass Sie ein Gesellschaftsmodell vorschlagen, in dem theoretisch Chinesen und ethnische Minderheiten gleichberechtigt wären. Dennoch bergen Ihre Vorschläge einige Risiken. So ordnen viele tibetische Intellektuelle Ihren Vorschlag in die Nähe von Ma Rongs Gedanken ein. Dies könnte die Konflikte auf beiden Seiten weiter verschärfen, denn es kann der Eindruck entstehen, dass die chinesischen Intellektuellen auch nur die Meinung der Regierung vertreten. Deshalb bleibt uns nichts Anderes übrig, als uns in dieser Angelegenheit den Bedenken von Wang Lixiong anzuschließen.

Wir streben alle gemeinsam an, dass wir eines Tages ein Gesellschaftssystem auf der Grundlage von Freiheit und Gleichheit aufbauen. Es wäre sehr bedauerlich, wenn verschiedene Sichtweisen der chinesischen und tibetischen Intellektuellen dazu führen würden, dass wir uns entzweien. Deshalb habe ich meine Gedanken aufgeschrieben. Doch bleibt mir immer noch das Gefühl, dass ich vieles nicht ausgesprochen habe oder nicht in der Lage bin, es auszusprechen. Alles, was ich geschrieben habe, habe ich mit reinem Gewissen geschrieben und fürs erste sollte es reichen.

Shokjang

7. Juni 2014

Tsering Woeser, tibetische Bloggerin in Peking, postete diesen Artikel am 30. Juni 2014 auf ihrem Blog.

SOLL MAN AUF DIE ANWEISUNGEN DER PARTEI HÖREN?

Am 1. Juni habe ich einen Freund besucht und wir haben uns unterhalten. Während einer kurzen Gesprächspause fing er an, durch die Fernsehsender zu zappen. Normalerweise schaue ich kein Fernsehen, weder Nachrichten noch Unterhaltung. Ein Beitrag hat mich dennoch sofort gefesselt und ich konnte nicht mehr wegschauen. Vielleicht lag es daran, dass in dem Beitrag ein paar tibetische Schüler vorkamen und alle schicke tibetische Kleidung trugen. Als ich etwas genauer hinschaute, beantworteten alle, einer nach dem anderen, die Fragen eines Reporters auf Chinesisch. Es kann sein, dass die Kinder zu leise sprachen, denn ich konnte sie nur schwer verstehen. Dann erschienen am unteren Rand des Bildschirms chinesische Untertitel, und nun verstand ich was sie sagten: Sie waren alle von Herzen dankbar für die Güte der Partei. Ein Soldat, der nun in den Vordergrund trat und strammstand, rief den Kindern eine Parteiparole zu. Abgelenkt durch unsere Unterhaltung konnte ich zwar zunächst nicht alles richtig verstehen, aber später sagte eines der Kinder im Interview, dass es auch so ein Soldat werden wolle. Und nun ergab alles einen Sinn.

In diesem Moment war ich völlig entsetzt und fragte mich, warum sie keine Skrupel haben, Kinder in diesem zarten Alter zu indoktrinieren? Es kann gut sein, dass ich schon allein den Begriff Soldat nicht ausstehen kann. Können denn Kinder mit einem unschuldigen Lächeln überhaupt zu mündigen Personen heranwachsen, wenn sie auf diese Weise indoktriniert werden? Noch furchterregender waren die acht chinesischen Zeichen, die im Hintergrund zu sehen waren: „Höre auf die Anweisungen der Partei, diene dem Volk!"

Zweifellos ist das, was der Soldat zuvor als Parteiparole zum Besten gab, ganz nah an dem, was wir schon viel zu oft eingeflößt bekommen haben. In diesem Moment erinnerte ich mich an die Seiten über die „Versklavungserziehung der Japaner in China" in meinem Geschichtsbuch aus der Mittelschule. Der Schwerpunkt dieser Propaganda war es, die chinesischen Kinder von klein auf zu Japanern zu erziehen. Doch diese Maßnahme hatte keinen Erfolg und schon ein paar Jahre später mussten die Japaner die Niederlage einstecken. Was uns der Mittelschullehrer bis ins kleinste Detail erklärte, war stets nur die chinesische Sicht der Dinge und es gab keinen Raum für andere Perspektiven. Wenn ich jetzt so zurückblicke, denke ich, dass weder Lehrer noch Schüler daran Schuld hatten, denn sie waren alle selbst Opfer dieser Indoktrinierung.

Es ist schwer festzustellen, wie viele Kinder in den vielen Jahrzehnten bereits so erzogen worden sind, dass sie jetzt diese Propaganda selbst verbreiten. Jedenfalls läuft mir immer ein kalter Schauer über den Rücken, wenn ich sehe, dass die Propaganda in Bezug auf dieses Thema heute intensiver denn je ist. Selbst Jahrzehnte nach Japans Niederlage beschimpfen die Chinesen die Japaner als Teufel und diese Sichtweise auf die Geschichte wird immer wieder an die nächste Generation weitergegeben. Offiziell verkündet die chinesische Regierung Völkerverständigung und internationale Kooperation. So inszenierte sie sich beim großen Erdbeben in Japan[1] als Retterin, indem sie chinesische Katastrophenhelfer entsandte[2]. Gleichzeitig wird alles unternommen, um den Hass und die Feindschaft zwischen den beiden Völkern zu schüren und zu vertiefen, was alle Filme [über die japanische Besatzung] in China verdeutlichen. Weshalb ich mich heute daran erinnere, liegt daran, dass das Wesen der Propaganda beider Länder identisch ist. Die Fahne der Partei hochzuhalten, Lobeslieder auf die Partei zu singen und die Ideologie der Partei zu verbreiten, kann niemals Aufgabe einer Regierung sein. Wenn der Staat Kinder von klein auf einer totalitären Idee unterwirft, ist dies keine ehrenhafte Tat. Kinder sind Kinder. Mit ihren unbefleckten, reinen Herzen unterscheiden sie noch nicht zwischen Gut und Böse. Ihre Fähigkeit zu differenzieren ist recht gering. Daher ist es falsch, ihnen in ihrer Unschuld durch Propaganda vorzugeben, was richtig oder falsch ist! Freiheit ist die Voraussetzung für die geistige Entwicklung eines Kindes. Diese kontrollieren zu wollen, ist nichts anderes als reiner Totalitarismus.

---

1 Hier meint Shokjang vermutlich das Tōhoku-Erdbeben von 2011, das zur Nuklearkatastrophe von Fukushima führte.

2 Hier spricht Shokjang die „Katastrophendiplomatie" der chinesischen Regierung an. Auch beim Erdbeben von Nepal im Jahr 2015 waren die chinesischen Helfer als erste vor Ort und verkündeten diesbezüglich in der staatlichen Nachrichtenagentur *Xinhua:* „Die zweitstärkste Volkswirtschaft der Welt zeigt sich als fähige und verantwortungsvolle Macht". Kritiker vermuten, dass die chinesische Regierung bei solch großen Hilfsaktionen nicht an humanitärer Hilfe, sondern hauptsächlich am geopolitischen Einfluss interessiert sei.

Dem Volk zu dienen, ist die alleinige Existenzberechtigung einer Partei und einer Regierung. Wenn sie nicht im Stande ist, die Wünsche des Volkes zu erfüllen und seine Bedürfnisse zu befriedigen, ist das Volk berechtigt, die Regierung oder die Partei zu ersetzen. Dieses Recht steht dem Volk zu. Aber autoritäre Regierungen dienen einzig und allein den Interessen einer einzelnen Person oder Gruppe und vernachlässigen die Bedürfnisse der Bevölkerung. Dies ist das entscheidende Merkmal aller totalitären Staaten. Die Kommunistische Partei gibt den Grundsatz vor, dass „alle Produktionsmittel dem Wohle des Volkes zu dienen" haben. Was auch immer hier mit dem Begriff „Volk" gemeint sein mag, es wird der Anschein erweckt, dass sie der breiten Masse der Bevölkerung zur Seite stehen. Eine Regierung oder eine Partei, die wirklich den Interessen des Volkes dient, braucht normalerweise vor dem Volk keine Angst zu haben. Wenn man wirklich der Bevölkerung dient, steht sie hinter einem. Aber wenn eine Partei selbst kleine Kinder in solch zartem Alter indoktriniert, dann ist es klar, dass sie das Volk als Feind betrachtet! „Ein Feuer im Keim zu ersticken", entspricht der Logik und Struktur einer autoritären Regierung. Und will man wirklich dem Volk dienen, dann sollte man auf keinen Fall auf die Anweisungen der Partei hören!

Jede politische Partei hat eine einzigartige Pflicht und Aufgabe. Es ist selbstverständlich, dass alle Parteien die Bühne betreten, um für die Anliegen der Bevölkerung zu arbeiten. Wenn jedoch das Ziel dieser Arbeit darin besteht, dass die Bevölkerung den Anweisungen einer Partei folgt, dann ist das ein eindeutiges Zeichen dafür, dass es keine Demokratie gibt.

Darüber hat Yu Jie[3] trefflich gesagt: „Eine Regierung, die ihre Bevölkerung wie ein unmündiges Kind ansieht, ist eine unmündige Regierung." Unter den Faschisten und Nationalsozialisten wurde die Bevölkerung früher dazu gezwungen, ihren Anweisungen zu folgen. Die Köpfe derer, die sich widersetzten, fielen zweifelsohne blutend auf die Erde. Aufgrund dieser Grausamkeiten fürchten sich heute alle, nah und fern, selbst nach so vielen Jahrzehnten, wenn sie nur die Wörter „Nazis" und „Faschisten" hören.

Wieso versucht die Partei heute, im zivilisierten Zeitalter, unseren Kindern autoritäre Samen einzupflanzen? Wozu eigentlich? Eines Tages, wenn diese Kinder anfangen zu begreifen, dass sie derart schrecklich indoktriniert worden sind, wird das Feuer ihrer Wut sicherlich so stark brennen, dass sie die Partei als Feind ansehen werden. Das ist eine Veranlagung, die uns Menschen von Natur aus angeboren ist. Sie werden mit Sicherheit auch irgendwann die chinesischen Schauspieler oder die Parteipropagandisten, die wie schwarze Schatten auf ihren Schultern sitzen, aus tiefstem Herzen verabscheuen.

Wenn wir später das historische Gedächtnis unserer Nachkommen aufarbeiten wollen, was müssen wir dann heute schon tun? Je öfter ich diese ignorante und düstere Propaganda sehe, desto mehr Mitleid bekomme ich, und wenn ich die Gesichter der Kinder sehe, bekomme ich Angst.

---

3 Chinesischer Schriftsteller und Dissident, der am Verfassen der „Charta 08" beteiligt war und nun im Exil in den USA lebt.

Solch eine Propaganda hat noch niemals etwas Gutes bewirkt, wie uns auch die Geschichte deutlich zeigt. Warum dennoch dieser krampfhafte Versuch, weiterhin Menschen zu indoktrinieren? Wenn irgendwann diese liebevollen und unschuldigen Kinder den Hass und die Bitterkeit in ihren Herzen nicht mehr unterdrücken können und sich vielleicht zu Handlungen hinreißen lassen, die Leib und Leben gefährden, was sollen wir dann tun? Oh mein Gott!

Entstehungsdatum und Originalquelle unbekannt.
Erschienen am 20. Oktober 2015 auf www.sertha.net.

HEUTE NACHT BIN ICH DAHEIM IM GRASLAND

Nach einem heftigen Regenguss erreichte ich das Grasland, meine Heimat. Kurz nach meiner Ankunft fing es wieder an, heftig zu regnen. Zwischen den Wolkenfetzen sank eine tiefe Finsternis über das Grasland herab.

Inmitten dieser undurchdringlichen Finsternis befand sich nur die eine Blechhütte, die ich aufgestellt hatte. Die Leute nannten es eine praktische Hütte. Ich hatte diese praktische Hütte gerade erst diesen Sommer aufgestellt. In dieser neu aufgestellten Hütte übernachtete ich heute. Ich übernachtete sogar zum ersten Mal darin.

Diese Blechhütte glich den Hochhäusern der Stadt. Obwohl sie Tür und Fenster hatte, konnte man durch die mit Gardinen verhangenen Fenster die Finsternis draußen nicht sehen. Auch konnte man die feinen Lichtstrahlen nicht sehen, die durch die Risse in der Finsternis hervorbrachen. Da vermisste ich mein Nomadenzelt von früher; ich erinnerte mich an die kristallenen Sterne, die ich durch den groben Zeltstoff sah. Ich erinnerte mich an das Gefühl, wie die Sterne klar und rein funkelten – wie Wassertropfen, die aus jemandes Tragekrug spritzen – und durch die rauen Zeltbahnen in meine Augen zu fallen schienen. Einmal, als ein oder zwei Sternschnuppen vom Firmament fielen, erinnerte ich mich, dass ich Manis[1] murmelte. Weil es heißt, dies bedeute, dass ein irdisches Leben verloren gegangen ist.

Jetzt bin ich zuhause im Grasland angekommen. Meine Wohnung ist eine Blechhütte. In dieser Blechhütte kann man den Sternenhimmel nicht sehen. Die Sterne, die mir früher in die Augen stürzten, jetzt schleudere ich sie zurück an die Enden des Himmels.

2. Juli 2014

Diesen Essay veröffentlichte Shokjang auf der tibetischen Blog-Seite www.tsanpo.com. Tsanpo kann als König oder Kaiser übersetzt werden und der Begriff geht in die Zeit des tibetischen Reiches vom 7. bis 9. Jahrhundert zurück.

---

1 *Om Mani Padme Hum* ist ein buddhistisches Mantra.

TÜR UND FENSTER

Im 20. Jahrhundert erschienen in Tibet zwei Menschen, die großen Sternen gleichen. Diese beiden Persönlichkeiten waren der am Anfang des Jahrhunderts in Sho'ong in Rebkong geborene Gelehrte Gendün Chömpel[1] und der in den 1950er Jahren in Gurong Powa geborene Döndrub Gyel. Diese beiden Persönlichkeiten haben einen großen Eindruck in der Geschichte und intellektuellen Kultur Tibets im 20. Jahrhundert hinterlassen. Nicht zuletzt haben die beiden das 20. Jahrhundert in Tibet eingeläutet. Zu Beginn des 21. Jahrhunderts gab es einen Aufwind in der tibetischen Kultur und im Denken. Gerade durch diese beiden fand Tibet endlich ein wenig zu seiner Identität.

Aber die Zeit, in der die beiden gewirkt und das tibetische Denken beeinflusst haben, war sehr kurz. Gendün Chömpel lebte von 1903 bis 1951 und Döndrub Gyel lebte von 1953 bis 1985. Auch wenn das Leben der beiden sehr kurz war, ist ihr Vermächtnis sehr bedeutend. Für dieses Erbe schulden wir diesen beiden Persönlichkeiten großen Respekt.

---

1 Gendün Chömpel war ein Intellektueller, der sich für die soziale und politische Modernisierung der tibetischen Gesellschaft einsetzte. Zu seinen Hauptwerken gehören u. a. „Die tibetische Liebeskunst", das sich am indischen Kamasutra anlehnt und „Weiße Annalen", eine politische Geschichte Tibets. Von den in Indien herrschenden Briten als Kommunist bezeichnet, wurde Gendün Chömpel von der tibetischen Regierung verhaftet und für mehrere Jahre ins Gefängnis gebracht. Erst kurz vor dem chinesischen Einmarsch wurde er schwer krank entlassen und starb 1951.

Dieses Jahr jährt sich der Todestag Gendün Chömpels zum sechzigsten Mal. Heute ist es angebracht daran zu erinnern, was er vor sechzig Jahren für die auf dem Hochland lebenden Tibeter erreicht hat. Seine Errungenschaften sind nicht die eines gewöhnlichen Menschen. Nur er konnte so etwas erreichen. Wenn dem so ist, was ist dann heute, sechzig Jahre nach seinem Tod aus seinem Erbe geworden? Welche Spuren hat er in Tibet hinterlassen? Das sind die Fragen, die wir uns zweifelsohne ernsthaft stellen müssen!

Seit dem Tag, an dem ich auf die Nordwest-Universität für Nationalitäten gekommen bin, hat sich zwischen mir und ihm eine besondere Verbindung entwickelt. Mit der Zeit zogen mich seine Errungenschaften grundlegend an und sein Mut bewegte mich durch und durch, sodass ich voller Ehrfurcht erschauerte. Während der vier Jahre meines Studiums schenkte ich allen Geschichten über Gendün Chömpel immer meine ganze Aufmerksamkeit. Inspiriert von seinem Leben und Werk, versuchte ich stets, Tapferkeit in die Tat umzusetzen. Trotzdem hatte ich kleiner Mensch nicht das Zeug dazu, mich mit seinem intellektuellen Mut zu messen. Wenn ich es genau bedenke, war Gendün Chömpel der einzige von solch intellektuellem Mut. Deshalb müssen wir immerzu das Leben und Werk von Gendün Chömpel studieren und analysieren. Wir müssen stets sein Andenken ehren. Oder anders gesagt, Gendün Chömpel zu ehren bedeutet, dass wir uns selbst durchleuchten.

Wir sollten Gendün Chömpels Erbe außerdem hochachten, weil er sich niemals wie unsere traditionellen Lehrer und Gelehrten als „Anführer" verstanden hat.

Insbesondere hat er niemals seine Denkrichtung als eine betrachtet, der alle zustimmen müssen. Deshalb verbreiteten sich all seine Ideen und seine Argumente genauso wie sein Ruhm. Das ist ein weiterer Grund, warum wir heute noch über ihn sprechen.

Erst nachdem ein Mensch gestorben ist, wird er so studiert und gewürdigt, wie es ihm gebührt. Dafür mag es verschiedenste Ursachen, Notwendigkeiten und Erklärungen geben, die wichtigste jedoch ist, dass solch eine Persönlichkeit sich nicht vom Zeitgeist hat treiben lassen. Sie steht im Strom der Geschichte aufrecht und zeigt uns weiterhin den Weg wie ein Kompass, der der Zeit standhält. Der Mut von solchen Leuten ist die Essenz dessen, was wir uns unbedingt zu eigen machen müssen. Mit Gendün Chömpel war es genauso. In seiner Grundhaltung und seiner mutigen Geisteskraft ließ er sich in keiner Weise durch seine Zeit und ihre Moden beeinflussen. Sein Erbe liegt glänzend und strahlend vor unserer Generation und deshalb sollten wir ihm immerzu aufrichtigen Respekt und Anerkennung zuteilwerden lassen.

Es mag durchaus sein, dass es in der heutigen Zeit nichts bedeutet, wenn einige von uns über Gendün Chömpel und Döndrub Gyel forschen. Ich aber denke zum Beispiel, dass diese Ansicht etwas übertrieben oder ein wenig verquer ist. Grundsätzlich geht es uns nicht darum, „Punkte" zu sammeln, wenn wir über diese beiden forschen. Vielmehr geht es darum, das Äußere, Innere und Geheime dieser Persönlichkeiten zu verstehen und somit um den Versuch, selbst diesen unübertreffbaren Mut und dieses unverwechselbare

Denken zu erreichen. Freunde! Wie oben bereits gesagt: Weil es klar ist, dass wir die beiden übertreffen müssen, sollten wir langsam aufhören, unsere Träume nur zu träumen. Nachdem wir uns diesen beiden Persönlichkeiten ein wenig angenähert haben, werden wir durch sie wie durch ein Fenster eine andere Welt sehen und wenn wir ihr Denken verinnerlicht haben, dann wird sich immer Zweifel auftun, sobald wir gegen ihre Überzeugung handeln.

In der heutigen Zeit ist es eine verbreitete Gewohnheit, dass die Nationen ihren eigenen bedeutenden Persönlichkeiten eine nicht geringe Wertschätzung beimessen, wie wir uns schon denken können. Weil dem so ist, denke ich, müssen auch wir zumindest das Verständnis dafür wecken, wie wir unseren eigenen Leuten Hochachtung erweisen können. Deshalb hoffe ich sehr, dass mein kurzer Blick auf Leben und Werk dieses Gelehrten auf fruchtbaren Boden fallen wird.

Dieser Text ist die Einleitung von „Macht des Stiftes" (2012), ein Buch, das Shokjang „im Gedenken an den sechzigsten Todestag von Gendün Chömpel" geschrieben hat. Darin erläutert Shokjang Leben und Werk von Gendün Chömpel sowie die Geschichte der tibetischen Literatur.

EINLEITUNG

ERINNERUNG AN DEN PANCHEN LAMA ERINNERUNG AN DIE 70.000-ZEICHEN-PETITION

von Tsewang Norbu

Der 10. Panchen Lama, Chökyi Gyaltsen (1938–1989), gehört zu den meist missverstandenen und meist verehrten religiösen und politischen Persönlichkeiten des modernen Tibet.

Der Panchen Lama ist wie der Dalai Lama eine Institution der Gelugpa-Tradition des tibetischen Buddhismus. Die Linie des Panchen Lama geht auf den „Großen Fünften Dalai Lama" (1617–1682) zurück, als der Dalai Lama seinem Lehrer Lobsang Chökyi Gyaltsen aus Dankbarkeit den Titel Panchen Lama – „Großer Gelehrter" – verlieh.

Ein Jahrzehnt nach der chinesischen Besetzung fand im März 1959 in Lhasa der erste nationale Aufstand des tibetischen Volkes statt. Der Dalai Lama flüchtete nach Indien und die Volksrepublik China übertrug dem 10. Panchen Lama das Amt des Vorsitzenden des „Vorbereitungskomitees zur Gründung der Autonomen Region Tibet", ein Amt, das zuvor der Dalai Lama innehatte. Damit rückte der junge Panchen Lama in die höchste Führungsriege der Volksrepublik China auf. China versuchte, den 10. Panchen Lama für seine Politik in Tibet einzuspannen und ihn zu einer Marionette der Kommunistischen Partei zu machen. Anders als in den 1940er und 1950er Jahren, als China den Panchen Lama für seine Politik instrumentalisierte, ging jetzt die Rechnung nicht auf und er wurde nun zu einem der wichtigsten Fürsprecher der Tibeter in Tibet.

Der 10. Panchen Lama fiel bei der Kommunistischen Partei Chinas in Ungnade, als er eines der wichtigsten Zeitdokumente Tibets schrieb. Dieses berühmte Schreiben richtete er 1962 an die chinesische Führung: die *70.000-Zeichen-Petition*. Diese Petition dokumentiert die Massenarreste, brutalen Bestrafungen und die Exekution von Tibetern in der Zeit nach dem tibetischen Volksaufstand von 1959. Es stellt auch eine detaillierte Beschreibung der Hungersnot in Ost-Tibet Anfang der 1960er Jahre infolge des „Großen Sprung" und der kommunistischen Kollektivierung der Landwirtschaft dar. Dieses Dokument wurde ein paar Jahre vor Beginn der Kulturrevolution (1966–1976) geschrieben, und der Panchen Lama argumentierte, dass Chinas Politik in Tibet letztendlich zur Ausrottung der Religion und zum Untergang der tibetischen Kultur führen und die Existenz der Tibeter gefährden würde.

Die *70.000-Zeichen-Petition* ist ein Zeitzeugnis, für das der Panchen Lama zwischen 1959 und 1962 Informationen gesammelt hat. Auf seinen ausgedehnten Inspektionsreisen im Herbst 1961 durch Ost-Turkestan[1],

---

1 Die chinesische Regierung nennt dieses Gebiet Xinjiang. Die Uiguren bevorzugen Ost-Turkestan.

Südchina und Ost-Tibet, gelang es dem Panchen Lama die fatalen Auswirkungen der chinesischen Besatzung auf die Menschen vor Ort zu dokumentieren. Zudem wurde die Petition durch Informationen aus ausführlichen Gesprächen mit Repräsentanten anderer Teile Chinas über die Hungersnot in ihren Gebieten zwischen 1959 und 1962 erweitert. Eine Rohfassung dieser Petition auf Tibetisch lag Anfang 1962 vor. Es ist überliefert, dass er den großen tibetischen Gelehrten Sherab Gyatso[2] und seinen eigenen Lehrer Ngulchu Rinpoche darum bat, die Petition zu redigieren. Dieser Lehrer soll den Panchen Lama angefleht haben, diese Petition nicht einzureichen, aus Angst um das Leben seines Schülers.

In Beijing hat der Panchen Lama 1962 innerhalb dreier Monate mit Hilfe von ausgewählten Übersetzern und unter äußerster Geheimhaltung den tibetischen Text mehrmals erst ins Chinesische und dann ins Tibetische hin und her übersetzt und überarbeitet. Auch der tibetische Politiker Ngawang Jigme Ngapo[3] soll bei der Erstellung dieser Petition zu Rate gezogen worden sein. Er soll dazu beigetragen haben, dass die Kritik an der Kommunistischen Partei und an Mao erheblich entschärft wurde und dass Chinas Politik in Tibet in ein besseres Licht gestellt wurde.

---

2 Sherab Gyatso (1884–1968) gehörte zur Reformbewegung Tibets. Nach dem Tod des 13. Dalai Lama floh er nach China. Er hat sich später für die chinesische kommunistische Tibetpolitik einspannen lassen.

3 Ngawang Jigme Ngapo (1910–2009) stammte aus einer tibetischen Adelsfamilie. Er war der tibetische Delegationsführer bei Verhandlungen mit den chinesischen Kommunisten 1951 und unterschrieb das 17-Punkte-Abkommen. Dieser Akt macht ihn in der tibetischen Öffentlichkeit zu einer kontroversen Figur.

Dennoch greift die Petition explizit und detailliert die Politik und Praxis von Mao Zedong an. Maos Reaktion ist ebenfalls überliefert. Er nannte diese Petition „den Schuss eines vergifteten Pfeils auf die Partei". Den Panchen Lama diskreditierte er als „reaktionären feudalen Oberherrn".

Mit seiner *70.000-Zeichen-Petition* hatte er wie kaum ein anderer aus der Führungsriege gewagt, die Politik der Kommunistischen Partei Chinas grundlegend in Frage zu stellen. Nur eine Handvoll Kopien wurde auf Chinesisch veröffentlicht. Es gibt keinen Beleg dafür, dass der tibetische Originaltext jemals gedruckt wurde.

Die Konsequenzen folgten umgehend. Im September 1964 wurde der Panchen Lama einer 50-tägigen „Kampfsitzung" unterzogen und zum Feind der Partei erklärt. Danach wurde er 10 Jahre lang ins Gefängnis gesperrt und fast zwei weitere Jahre in Beijing unter Hausarrest gestellt.

Selbst nach langer Haft, Folter und Erniedrigung in China hielt er fortan der chinesischen Regierung als moralische Instanz des unterjochten tibetischen Volkes stand. Kurz nach seiner Entlassung aus der Haft begann er erneut, sich für das tibetische Volk auszusprechen und die chinesische Politik und deren Praktiken in Tibet zu kritisieren.

Trotzdem haben viele Tibeter in Tibet und im Exil den Beitrag des Panchen Lama anders bewertet. Wegen seiner Zusammenarbeit mit der chinesischen Regierung und wegen seiner unternehmerischen Tätigkeit wurde er sogar als „der dicke Geschäftsmann" kritisiert. Der Dalai Lama hat allerdings den Beitrag des Panchen Lama für Tibet stets gewürdigt. Für ihn ist der Panchen Lama ein Freiheitskämpfer.

Was der Panchen Lama in diesem einzigartigen historischen Dokument damals kundtat, ist heute noch für die unmittelbare Zukunft Tibets höchst relevant. Dieses brisante Dokument ist in China unter Verschluss und seine Themen sind immer noch tabu. Es kritisiert Chinas Politik in Sachen „Nationalitäten", Religion, Wirtschaft sowie das Vorgehen der kommunistischen Kader, auch wenn der politische Status von Tibet, also die Frage der Unabhängigkeit, verständlicherweise durchgängig unerwähnt bleibt. Zum Glück erreichte 1996 ein Exemplar der Petition die Organisation *Tibet Information Network* in London und somit die Öffentlichkeit.

Heute wird der Panchen Lama als Nationalheld in Tibet verehrt. Die Tibeter erinnern sich an ihn und gedenken seiner, denn in der schwierigsten Zeit kurz nach der Besatzung Tibets und während der Kulturrevolution stand er kompromisslos an der Seite der Tibeter. 1989 starb der Panchen Lama in Shigatse in Zentral-Tibet unter ungeklärten Umständen. Die Tibeter vermuten, dass er von der Kommunistischen Partei vergiftet wurde.

Dieser Aufsatz von Shokjang gedenkt Leben und Wirken des 10. Panchen Lama.

ERINNERUNG AN DEN PANCHEN LAMA ERINNERUNG AN DIE 70.000-ZEICHEN-PETITION

Mittlerweile sind schon 26 Jahre vergangen, seit ich einen großartigen Lama namens Künzig Panchen, „den allwissenden Gelehrten", hatte. Sein vollständiger Name war Lobsang Trinley Lhundup Chökyi Gyaltsen. Von den Tibetern wird er zu Recht als der Mond am Himmel, der hoch über unseren Köpfen leuchtet, angesehen. Für gewöhnliche Menschen wie mich mag es völlig unmöglich sein, über die großen Leistungen des großen Lama gebührend zu berichten. Gibt es heutzutage irgendeinen Tibeter, dessen Herz sich nicht mit Freude und Stolz erfüllt, wenn er sich nur an einen Bruchteil der Verdienste unseres großen Lama erinnert?

Es heißt, als der Panchen Lama 21 Jahre alt war, befand sich die tibetische Hauptstadt Lhasa im Griff der gierigen und grausamen Hände der chinesischen Armee, sodass Seine Heiligkeit, der Dalai Lama, keine andere Möglichkeit sah, als seine Heimat, sein eigenes Land zu verlassen. Die schwere Last der geistlichen und weltlichen Verantwortung für das Wohl aller Tibeter lag von nun an auf den Schultern des Panchen Lama. Als er die Nachricht von der Flucht des Dalai Lama hörte, überkam ihn große Trauer und er betete zu Buddha. Nun war der Panchen Lama ganz allein und musste sich von diesem Moment an unermüdlich und unter großen Anstrengungen um das Wohlergehen aller Tibeter kümmern. Selbst auf die Gefahr hin, sein eigenes Leben zu riskieren, blieb er tapfer und unerschrocken und ließ sich nicht von seinem Weg abbringen. Obwohl ich mir nicht sicher bin, ob meine unwürdigen Worte keine Schande bereiten, geschweige denn, dass sie dem Leben und Wesen des Panchen Lama gerecht werden, habe ich doch keine andere Wahl, als meine eisigen Worte mit Ihnen, den Lesern, zu teilen.

Es heißt, dass wir in Tibet schon mit sehr vielen großen Persönlichkeiten gesegnet worden sind, so wie der Himmel die Erde bedeckt. Wenn das wahr ist, so ist der Panchen Lama der größte und edelste unter allen Sternen. Gibt es überhaupt Tibeter, die nicht, gerührt von seinem Heldenmut und all seinen Verdiensten, Tränen des Glaubens vergießen? Die Tatsache, dass seine großen Taten die Herzen von sechs Millionen Tibetern mit großer Inspiration und Stolz erfüllen, hängt untrennbar mit der Geschichte Tibets zusammen. Wie sonst lässt sich denn erklären, dass selbst heutzutage alle Tibeter sehnlichst auf seine wahre Reinkarnation warten?[1]

Unter all den großen Persönlichkeiten, die einst Tibet hervorgebracht hat, erfährt einzig und allein der Panchen Rinpoche eine derartige Wertschätzung und Verehrung: Ist das nicht so, weil er in der langen Reihe der großen Persönlichkeiten so hell erstrahlt wie der muschelweiße Mond?

---

[1] Der 11. Panchen Lama, Gedhun Choekyi Nyima, wurde 1995 als sechsjähriger Junge von der chinesischen Regierung entführt. Seither gibt es keine Informationen über seinen Verbleib.

Es sind nun schon 26 Jahre vergangen, seit der Panchen Lama von uns gegangen ist. Eine Reinkarnation wurde bereits ausgewählt und nun stellt sich die Frage, warum bisher niemand diese neue Reinkarnation akzeptiert hat. Ist es etwa, weil der Herzschlag aller gläubigen Tibeter durcheinandergeraten ist? Oder aber, weil Herz und Geist von Lehrer und Schüler vollkommen miteinander verwoben sind?

Von all den beispiellosen Taten des Panchen Lama, auch wenn diese eigentlich unvorstellbar für einen normalen Menschen sind, möchte ich heute über die sogenannte *70.000-Zeichen-Petition* schreiben. Die *70.000-Zeichen-Petition*, die auf Tibetisch und Chinesisch abgefasst und aufgrund ihrer 70.000 chinesische Zeichen umfassenden Länge so benannt wurde, beschreibt die tragischen und traurigen Umstände aller Tibeter in ganz Tibet und wurde der chinesischen Führung als Appell vorgelegt.

Dies ist der erste schriftliche Bericht eines führenden Geistlichen Tibets über die ganze Leidensgeschichte des tibetischen Volkes. Der Bericht enthält im Wesentlichen die wahren Begebenheiten seit der chinesischen Besatzung Tibets bis 1962. Als China die tibetischen Gebiete besetzte, revoltierten viele Tibeter gegen die chinesischen Besatzer. Diesen heldenhaften Widerstand nannte die chinesische Regierung „aufständische Unruhen". Es ist keiner in der Lage die genaue Zahl der Tibeter zu benennen, die unter Vorwand dieses Aufstands verhaftet und getötet wurden.

Der Panchen Lama schreibt dazu: „Manche Menschen hielten sich zufällig am Ort des Aufstandes auf, andere passierten Aufstandsgebiete oder haben auf ihrer Durchreise in Aufstandsgebieten übernachtet. Sie alle wurden der Beteiligung an der Revolte bezichtigt. Was noch viel schlimmer ist, ohne jeglichen Grund dichteten Kader und andere Eiferer einigen Leuten unbefugt Straftaten an und brandmarkten sie als ‚Konterrevolutionäre‘." Und weiter: „In vielen Dörfern wurden – mit Ausnahme von alten Menschen, Frauen und Kindern, die nicht kämpfen konnten – die meisten Jugendlichen, Erwachsene und Intellektuelle festgenommen und inhaftiert. Was das Leben und die Gesundheit der Gefangenen in den meisten Gefängnissen betrifft, so wurden sie von den Gefängniswärtern und Beamten ohne jegliches Mitleid eingeschüchtert und geschlagen. Eine große Zahl der Gefangenen starb auf diese Weise. Die etwa 50- bis 60-jährigen Häftlinge, die sehr schwach und gebrechlich waren, wurden zu sehr schwerer und harter Arbeit gezwungen." Auch schreibt der Panchen Lama von seiner schmerzhaften Trauer über seine verzweifelte Hilflosigkeit angesichts dieser Umstände. Und auch über das unerträgliche Leid durch die Hungersnöte dieser Zeit, die es bis dahin in Tibet nie gegeben hatte, schreibt er: „Obwohl die tibetische Gesellschaft von dunklem Feudalismus beherrscht war, gab es in der Vergangenheit niemals einen solchen Mangel an Getreide. Vor allem durch die weite Verbreitung des Buddhismus hatten alle Menschen, ob von hohem oder niederem Rang, die gute Angewohnheit, den Armen zu helfen, sodass die Bedürftigen allein durch Betteln überleben konnten. Eine Situation, in der Menschen verhungern, hätte in Tibet niemals entstehen können und wir haben auch noch nie von solch einer Situation gehört."

Daraus können wir deutlich erkennen, wie es zu verstehen ist, wenn die chinesische Regierung davon spricht, dass das Leben in Tibet „reformiert" wurde. Obwohl sie erklärten, sie hätten die Wirtschaft in Tibet in noch nie dagewesener Weise entwickelt, so verbarg sich hinter dem reformierten tibetischen Leben eigentlich nur Armut und Hungersnot.

Insbesondere schreibt der Panchen Lama über die Zerstörung der Religion und Kultur in Tibet: „Statuen, Schriften und andere heilige Gegenstände wurden verbrannt, ins Wasser oder in den Dreck geworfen oder eingeschmolzen. Klöster, Tempel, Mani-Steine und Stupas wurden rücksichtslos wie von wild gewordenen Elefanten zertrampelt, und Ornamente, Statuen und sogar heilige Mantras aus dem Inneren der heiligen Stupas wurden gestohlen .... Auch wurden äußerst wertvolle Texte, wie etwa die des Kangyur und des Tengyur[2], als Grundlage für Dünger benutzt, und absichtlich machte man aus Thangkas[3] und Blockdrucken Schuhsohlen."

Nach den sogenannten demokratischen Reformen durften nur knapp über 70 Klöster in Tibet bestehen bleiben. Das bedeutet, dass mehr als 97 Prozent der Klöster verschwanden und der Rest dem Verfall geweiht war, hauptsächlich aufgrund des Mangels an Mönchen und Nonnen. Weiterhin kann der unermessliche Schaden, den die tibetische Sprache genommen

---

2   Kanon mit heiligen Texten des tibetischen Buddhismus.
3   Ein Thangka ist ein tibetisch-buddhistisches Gemälde, das eine Gottheit, eine Szene oder ein Mandala darstellt.

hat, nicht oft genug betont werden. Es war eine Zeit des „Prügelns, Zerschlagens, Plünderns und Verbrennens"[4], um eine gängige Formulierung der chinesischen Regierung zu benutzen. Wer, außer dem Panchen Lama und ein oder zwei anderen großen Persönlichkeiten, war überhaupt in der Lage, so deutlich über das Leid der Tibeter zu sprechen? Wenn wir uns diese Petition anschauen, fühlen wir in unseren Herzen eine tiefe Ehrfurcht vor ihm.

Generell sollte jeder Mensch einen Sinn für Gerechtigkeit haben. Aber in Wahrheit sind solche Personen äußerst rar. Die Tatsache, dass es unter den wenigen Tibetern eine solch großartige Persönlichkeit gab, erfüllte jeden schwarzköpfigen Tibeter[5] mit Ehre und Stolz, nicht wahr? Als er die furchtbare Unterdrückung und das Leid des tibetischen Volkes mitansehen musste, entschloss er sich, eine Petition zu verfassen.

Sein eigener Lehrer bat ihn inständig, diese Idee nicht weiterzuverfolgen und sagte, es würde sein kostbares Leben gefährden. Aber dieser bemerkenswerte Mann blieb aufgrund seines unbezähmbaren Mutes und seines Gerechtigkeitssinns unbeirrt. Während der zehn großen Unglücksjahre[6] wurde der Panchen Lama im Jahr 1966, genau wie von seinem Lehrer befürchtet, wegen dieser Petition inhaftiert und uner-

---

4 Die chinesische Regierung hatte diesen Ausdruck in den staatlichen Medien benutzt, um die Aufstände von 2008 in Tibet zu diskreditieren.

5 „Schwarzköpfig" ist eine gängige literarische Bezeichnung für Tibeter im Tibetischen. Dieser Ausdruck bezieht sich auf die schwarzen Haare.

6 Shokjang meint damit die Kulturrevolution von 1966 bis 1976.

träglichen Folterungen und „Kampfsitzungen"[7] aus-
gesetzt. Von den zu dieser Zeit erlittenen Qualen
könnte, wie er selbst schrieb, wie beim Epos von Gesar,
dem König von Ling, tagelang erzählt werden und
selbst das würde noch nicht ausreichen.

Aber am 10. Oktober 1977 wurde der Panchen Lama
aus dem Gefängnis entlassen. Danach bereiste er alle
Regionen Tibets. An jedem Ort, den er besuchte, hielt
er nicht nur Ansprachen von höchster Wichtigkeit
über die Wahrung und Förderung der eigenen Kultur, sondern initiierte und finanzierte persönlich
den Bau von Schulen, die Tag für Tag für das Wohlergehen des tibetischen Volkes arbeiteten.

Er blieb damit seiner Aussage treu, dass eine fleißige
und tapfere Nation viel Hingabe, Zuneigung und
Treue für ihre Religion und sich selbst haben müsse
und man sogar bereit sein müsse, sein eigenes Leben
zu opfern, um diese Interessen zu beschützen. Ohne
Angst um sein eigenes Leben, verbrachte er neun Jahre und acht Monate im Gefängnis für das Überleben
seiner eigenen Nation und Kultur. Wie großartig und
edel er war!

Er hat für die regionale Autonomie Tibets hart gearbeitet. Nach seiner Entlassung aus dem Gefängnis
reiste er durch ganz Tibet, durch Ü-Tsang, Kham und

---

7 Eine Form der öffentlichen Demütigung und Folter, die die Kommunistische
Partei Chinas in der Ära Mao Zedongs vor allem während der Kulturrevolution
anwendete, um die öffentliche Meinung zu formen und politische Rivalen und
„Klassenfeinde" zu erniedrigen, zu verfolgen oder zu exekutieren.

Amdo[8] und bemühte sich, die tibetische Sprache, Religion und Kultur wiederaufleben zu lassen. Er betonte allerorts, wie wichtig Bildung für die Entwicklung einer Nation sei. So sagte er insbesondere: „Eine echte regionale Autonomie ist möglich, wenn eine Nation in der Lage ist, ihren eigenen Charakter zu bewahren und wenn sie die Macht hat, sich selbst zu regieren." Sein Aufruf, in den autonomen Gebieten die tibetische Schrift und Sprache zu verwenden, zeigt, wie tief sein Verständnis von Geschichte und wie weitsichtig seine Politik war. Sollten wir aus diesen Gründen nicht immer wieder über ihn reden?

In den sogenannten tibetischen Autonomiegebieten wird heutzutage kaum noch Tibetisch als offizielle Sprache benutzt. In tibetischen Schulen bestehen nach wie vor enorme Hindernisse, wenn es darum geht, Tibetisch als Unterrichtssprache zu verwenden. Ist das Fortschritt oder Rückständigkeit?

Große Lamas und Führungspersönlichkeiten, die heute einen vergleichbaren Ruf haben, sind nur um ihren persönlichen Vorteil und Ruhm besorgt. Sie schlagen den Sinn für Gerechtigkeit in den Wind. Ihr Charakter und ihr Rückgrat sind von Grund auf krumm. Im Vergleich zu ihnen war der Panchen Lama, wie unser Vater, tatsächlich der Mond unter den Sternen, der hellste von allen. Aber wie könnte ich den großen Panchen Lama mit solchen Marionetten gleichsetzen? Wie kann man Hunde mit Löwen vergleichen?

---

8 Tibet wird traditionell in diese drei Provinzen unterteilt.

Der verstorbene Panchen Lama ist seinen Worten treu geblieben und hat den Tibetern nichts hinterlassen, was ihnen je Schande bereiten würde. Das ist der Hauptgrund, warum ich mich an ihn erinnere.

Diesen Essay postete Shokjang am 28. Januar 2015, dem Todestag des 10. Panchen Lama, auf www.tsanpo.com.

FEUER

Die Hoden zwischen den Himmeln zerquetscht,
das knisternde Geräusch im Moment
der Explosion im Feuer.

Freiheit!
Elender als die Selbstmord begehenden Motten,
die im unerträglich gleißenden Licht
der untergehenden Sonne
hin- und herschwirren.

Überall ist Feuer.
Und das Feuer ist unendlich.

Dieses Gedicht postete Shokjang am 28. November 2012
auf seinem Blog, der kurze Zeit später blockiert wurde.

NOTIZEN ZUR FREIHEIT

Neulich habe ich mit einer Freundin hin und her diskutiert. Am Ende sagte sie mir enttäuscht und traurig: „Du bist ein hoffnungsloser Fall!" Diese Worte ließen mich für eine Weile in Gedanken versinken, aber weil so eine Annahme heute durchaus verbreitet ist, war ich nicht weiter überrascht. Ob es wohl eine grundsätzliche Eigenschaft des Menschen ist, dass man sich an Hoffnungen klammert, oder ob es eine besondere Eigenschaft von uns Tibetern ist, kann ich nicht endgültig entscheiden. Jedoch glaube ich: Je stärker die Hoffnung ist, desto größer ist auch die Enttäuschung. Darum habe ich das meiner Freundin auch so gesagt: Vielleicht ist es unwahrscheinlich, dass sie der einzige Mensch ist, den ich enttäuscht habe, aber sie ist bis heute der einzige Mensch, der mir das direkt gesagt hat. Das führt zu einem grundsätzlichen Thema: Freiheit!

Wie wir im Allgemeinen alle wissen, gibt es bedingte Freiheit und bedingungslose Freiheit. Meistens sprechen wir von bedingter Freiheit. Das ist letztlich [gemeint], wenn man es aus der Perspektive der universalen Werte betrachtet. Will man jedoch Freiheit definieren, ist es ausgesprochen schwierig, ihre Eigenschaften aufzulisten. Es wird allseits akzeptiert, dass das Wesen dieser Welt Veränderung ist und weil man keine Anzeichen von Beständigkeit finden kann, hat man aufgrund der Umstände und Notwendigkeiten keine andere Wahl, als sich an Hoffnung zu klammern. Wenn wir in dieser Weise Altbekanntem folgen, so hat sich das Diskutieren über Freiheit erschöpft.

Es heißt, westliche Philosophen definieren die Freiheit als ein Recht, das der Mensch vom Moment seiner Geburt an besitzt. Und das scheint auch tatsächlich so zu sein. Ich frage mich, ist dieses besondere Recht, das jeder Mensch von Anfang an besitzt, nicht eine Bedingung für das Dasein der Menschen? Dieser Ansicht kann man durchaus sein. Ich frage mich, ob, vielleicht lediglich Heilige ausgenommen, nicht jeder Mensch ganz gleich welcher Herkunft das Glück der Freiheit als die Quintessenz seines Lebens ansehen würde. Und, ob das nicht das einzige Prinzip ist, das im Weltlichen wie im Geistlichen gilt?

Meinungsfreiheit wird als der Anfang und das Ende aller Rechte angesehen. Und das ist auch tatsächlich so. Deshalb wird die Meinungsfreiheit auch als Pforte zur Freiheit bezeichnet. In Ländern, in denen Meinungsfreiheit herrscht, dürfen alle Menschen ihre Meinung nach Belieben kundtun und andere Ansichten werden gleichermaßen toleriert. Die Menschen in diesen Ländern stützen sich auf ihre eigene Meinungsfreiheit und verhindern, dass ihre Nation und ihr Land verkommen, indem sie Missstände aufdecken. Aber unter autoritären Regierungen kann man niemals von Meinungsfreiheit sprechen. Sie hängen krachend ein eisernes Schloss vor jedermanns Meinungsfreiheit und sollte irgendwer seine eigenen Ansichten freimütig äußern, werden sie denjenigen mundtot machen. Deshalb ist die „Meinungsfreiheit" unter einem autoritären Regime nichts weiter als ein toter Begriff.

Grundsätzlich beinhaltet Meinungsfreiheit unter anderem Pressefreiheit, das Recht, das zu sagen, was man denkt, und das Recht, seine Meinung frei und unabhängig zu publizieren. Weil im letzten finsteren Jahrhundert Autokraten oft brutalen Zwang anwandten, wurden die Menschen bis an ihre Grenze gedrängt, wo sie kaum mehr Luft bekommen. Diejenigen, die den Interessen der Autokraten schadeten, wurden marginalisiert, während die Heuchelei, die ihnen nutzte, gefördert wurde. Aber weil die Menschen intelligente Lebewesen sind, die umso weniger stillhalten, je mehr man sie unter Druck setzt, haben sie eine Opposition gegen jede Autokratie gebildet und diese [schließlich] überwunden. Überall auf dem langen Weg der Menschheitsgeschichte sind die großen Widerstandskämpfer zu sehen. Immerzu inspirieren sie alle Menschen, Freiheit einzufordern. Je mehr die Menschen aber ein Verständnis von Freiheit entwickeln, desto mehr fürchten sich die Autokraten. Und je mehr sie sich fürchten, desto weniger lassen sie zu, dass Denken und Handeln jenseits ihrer „Gesetze" existieren. Sollte irgendjemand diese „Gesetze" überschreiten, so setzen sie ihm den Hut eines Aufrührers, eines Separatisten oder gar eines Terroristen auf und führen ihn zur Guillotine. Die drängelnde Menschenmasse gelobt kreischend: „Weil er hier der Nation und dem Volk geschadet hat, wollen wir ihm um der ‚Wahrheit' willen den Prozess machen!" Sie nutzen die Gelegenheit und schüren mit aller Kraft die Angst in der Bevölkerung: „Wenn jemand solche Gedanken und so ein Handeln propagiert, wird er genauso enden wie er hier!" In solch einem Moment ist die Meinungsfreiheit nicht mehr als etwas schwarze Tinte auf weißem Papier. Wir können uns aber darauf verlassen, dass die Menschen um der Freiheit willen ihr eigenes Leben aufs Spiel setzen. Denn das Verlangen nach Freiheit durchdringt jede Faser des

Menschen und ist nicht etwa auf den Einfluss anderer zurückzuführen. Auch wenn es vielleicht Unterschiede in der Tiefe des Bewusstseins für Freiheit geben mag, so wünscht doch kein einziger Mensch, im Zustand der Knechtschaft zu leben und es ist sicherlich nur eine Frage der Zeit, bis die Menschen für ihre Freiheit kämpfen. Als Beleg dafür mögen nicht nur die unzähligen strahlenden Helden der Weltgeschichte als Beispiel genommen werden, sondern auch diejenigen, die wir Tibeter in den letzten Jahren einen nach dem anderen mit unseren eigenen Augen gesehen haben.

Weil das so ist, wagt es keiner, den Menschen auf seiner wahrhaftigen Suche nach Freiheit aufzuhalten. Zuweilen gibt es einige durch Gewalt und Macht unterstützte Diktaturen, jedoch werden mit Sicherheit [auch] diese am Ende eine nach der anderen untergehen, wie die Geschichte und das reale Leben stets beweisen.

Dies alles sind politische Freiheiten, die die Beziehung zwischen Regierung und Bevölkerung betreffen. Deshalb muss man hier unbedingt beachten, dass Zweck und Wert jeder Regierung untrennbar mit der Bevölkerung zusammenhängen: Für gewöhnlich kann eine Regierung nicht ohne Bevölkerung existieren. Außerdem sollte die Existenz einer Regierung ausschließlich im Interesse der Bevölkerung sein. Wendet sich eine Regierung gegen die Interessen der Bevölkerung, verliert sie nicht nur sämtliche Legitimität, sondern dann nennen wir sie auch autoritär. Autoritäre Regierungen tun nichts anderes, als die Interessen der Bevölkerung zu missachten und lediglich dem persönlichen Nutzen der Autokraten zu dienen. Das heißt, eine solche Regierung, die persönlichen Interessen dient, widerspricht völlig dem eigentlichen Sinn und Wert einer Regierung. Dies hat der amerikanische Präsident Abraham Lincoln ganz klar formuliert: „Regierung des Volkes durch das Volk und für das Volk." Daraus folgt, dass jede Regierung für das Volk existiert und nicht etwa für einen Präsidenten. Es folgt auch, dass, weil es das Volk ist, das die Regierung einsetzt, jene dem Volk dienen muss. Und schließlich folgt, dass das Volk mittels seiner Repräsentanten die Regierung überwacht. Wenn die Aktionen einer Regierung die Rechte der Bevölkerung verletzen, darf diese unmittelbar die Regierung stürzen und eine ihre Interessen vertretende neue Regierung einsetzen. In diesem Sinne stellt die Meinungsfreiheit bei diesen Vorgängen eine Pforte dar. Wenn man dieser Pforte ein Schloss vorhängt, ist es nicht mehr als nur ein Traum, dahinter irgendetwas zu erreichen.

Unter den Bürgerrechten ist die Meinungsfreiheit also von außerordentlicher Bedeutung. Wird das Recht auf freie Meinung von einer Regierung nicht geschützt, ist es wahrscheinlich, dass andere Rechte noch viel weniger geschützt werden. Oder anders gesagt, hat man erst einmal die Meinungsfreiheit verloren, dann wird es schwierig, über andere Rechte zu sprechen. Von diesem Moment an ist man in Abhängigkeit von anderen geraten. Man hat keine andere Wahl mehr, als seine Angelegenheiten entsprechend der Anweisungen anderer zu erledigen. Entsprechend muss auch derjenige in Abhängigkeit von anderen leben, der seine Ansichten nicht frei aussprechen kann. Ganz gleich, ob er das Recht hat, seine Meinung zu äußern, solange er sie nicht äußern kann, kann er nur ein Leben in Abhängigkeit führen. Deshalb betrifft der Kampf für Meinungsfreiheit nicht nur die Regierung, sondern auch uns als Gesellschaft. Wir müssen, vorausgesetzt die Regierung garantiert die Meinungsfreiheit eines jeden Einzelnen, diese Meinungsfreiheit auch nutzen und uns daran gewöhnen, unsere Ansichten zu artikulieren.

Kürzlich hat die oben erwähnte Freundin zu mir gesagt, ich würde wirksamen Gebrauch von der Meinungsfreiheit machen. Wir alle haben die Freiheit, unsere Meinung auf diese Weise zu artikulieren. Die Freiheit nicht zu nutzen, wenn man sie hat, ist fast so, als hätte man sie gar nicht. Tatsächlich, auch wenn meine Freundin und ich nicht Bürger desselben Landes sind, ist die Meinungsfreiheit ein uns angeborenes Recht. Für meine Freundin war das natürlich gängiges Allgemeinwissen, da sie schon seit vielen Jahren in einem freien Land lebt. Da sie dachte, dass ihre Ansichten meine Rechte nicht verletzen, hat sie kein Blatt vor den Mund genommen.

Just in diesem Moment kam ihr etwas in den Sinn, das sie mir gegenüber auch genau begründete: „Ich denke, selbst wenn eine Ansicht die Rechte anderer verletzt, ist sie dennoch schützenswert. Das liegt daran, dass es in dieser Welt unbewiesen ist, ob aus einer bedingten Situation eine unbedingte Situation werden kann. Deshalb entscheiden wir zwischen wahr und falsch nur nach unserem eigenen Gefühl. So haben wir ganz klar eine lange Geschichte ignorierter Tatsachen. Daraus folgt, dass man, indem man auch Meinungen zulässt, die die Rechte anderer verletzen, dafür sorgt, dass nicht noch mehr Tatsachen unter den Tisch fallen und gerade dadurch die Meinung, die in Wirklichkeit die Rechte anderer nicht schädigt, schützt."

Aber im Bereich dieser Freiheiten immer auf andere zu hoffen, ist eine Angewohnheit, die wir aufgeben müssen. Auch wenn es den eigenen Rechten in keiner Weise schadet, auf andere zu hoffen, schafft diese schlechte Angewohnheit aber die Grundlage dafür, dass du irgendwann all deine Rechte vollständig verlierst. Warum ist das so? Freiheit ist immer die Freiheit des Einzelnen und jeder Einzelne muss darum kämpfen. Es funktioniert nicht, wenn ein Einzelner für die Freiheit vieler kämpft. Im Allgemeinen sind jegliche Freiheiten voneinander abhängig. Durch die Freiheit jedes Einzelnen wird erst die Freiheit einer Nation verwirklicht. Deshalb müssen wir unter allen Umständen für unsere eigene Freiheit kämpfen!

Im Westen gibt es den Ausspruch: *„Lieber tot als Sklave!"* Und entsprechend haben es auch unsere Vorfahren gesagt: *„Es ist besser, von einem wilden Tiger zerrissen zu werden, als mit eingezogenem Schwanz wegzulaufen wie ein Hund."* Freilich repräsentiert das heute für uns ein überholtes, antiquiertes Wertesystem. Wenn der letzte Zweck des menschlichen Daseins die Freiheit ist, müssen wir unbedingt früher oder später – ganz gleich wie – die Ziele unseres Freiheitskampfes erreichen, da sowohl diese Welt als auch die nächste untrennbar mit der Freiheit verbunden sind. Genauso wie dir deine Freiheit nicht von deinem Lama und deinen Eltern gegeben wird, kann sie dir kein König und kein Herr verleihen. Oder anders gesagt, in einer freien Gesellschaft ist kein Platz für einen König oder Herren. Deshalb suche niemals Zuflucht bei anderen!

Um es deutlich zu sagen: Bei anderen Zuflucht zu suchen, ist Gift für die Freiheit. Da jemand, der bei anderen Zuflucht nimmt, ohne ein Gefühl der Reue seine individuellen Freiheitsrechte vollständig abgibt, kann man nicht [mehr] von Freiheit sprechen. Erst dann, wenn du aus deinem Zustand der Abhängigkeit erwachst, und falls dir derjenige, bei dem du Zuflucht gesucht hast, deine Freiheit zurückgibt, wirst du ein freier Mensch werden. Aber im Bereich der Politik Freiheit zu erstreiten, ist keineswegs derart einfach. Das liegt daran, dass, wenn du das dich beherrschende System stürzen willst, alle seine Unterstützer einer nach dem anderen Verluste erleiden werden. Und Menschen, die sehenden Auges ihre Verluste tatenlos hinnehmen, sind in dieser Welt äußerst selten. Es ist auch nicht der Sinn der Freiheit, um der einen Freiheit willen einem anderem Schaden zuzufügen, aber wenn man verzweifelt ist und schon alles versucht hat, dann hat man vielleicht keine andere Wahl mehr.

Ein politischer Umsturz richtet großen Schaden an Leben und Besitz an und in einem solchen Moment hast du niemanden, auf den du deine Hoffnung stützen kannst. Wer [dann noch] seine Hoffnung auf andere setzt, hat definitiv nicht begriffen, was Freiheit ist. Es ist aber nicht so, als gäbe es keine anderen Mittel und Wege! Denn ein weises Volk und weise Präsidenten schlagen einen Weg ein, der Vorteil und

Nutzen für alle anstrebt, was auch letztlich die bessere Lösung ist. Um einen solchen Weg zu beschreiten, muss man unbedingt Streit und Hass vermeiden. Denn Streit und Hass können Kriege entfachen und in einem Krieg werden Menschenleben und Besitz sinnlos vernichtet. Will man Hass und Niedertracht aus der Welt schaffen, so erreicht man das nicht, indem man seine Hoffnung in andere setzt, vielmehr ist es maßgeblich, zunächst seinen eigenen Hass zu bekämpfen. Darum also bereitet die Angewohnheit, seine Hoffnungen auf andere zu setzen, den Menschen große Probleme. Es gibt nur eines, worauf man seine Hoffnungen setzen kann, nämlich auf eine freiheitliche, demokratische Regierung, denn da darf man seine Stimme exklusiv abgeben.

Nun fragst du, ob ich nicht meine ganze Hoffnung in denjenigen oder diejenige setze, für die ich gestimmt habe? Dem ist nicht so, denn während derjenige, der immer auf jemand anderen vertraut, seine eigenen Interessen nicht verwirklicht, wählt der Wähler einen Kandidaten entsprechend seiner Interessen und beobachtet diesen. Der Unterschied ist folgender: Was man selbst nicht unmittelbar erreichen kann, das lässt man von einem Repräsentanten machen. Dieser hält sich in seinem Vorgehen an die Gesetze und wenn man die Arbeit des Repräsentanten überprüft und man einen unzuverlässigen, illoyalen Repräsentanten hat, wird man, sobald dieser die eigenen Interessen nicht vertritt oder einen etwa enttäuscht hat, jemand anderen wählen.

Jetzt könnte man fragen: Was ist nun der Kern all dieser hundert Wörter? Wie viel Butter bekommt man nun aus all dieser Milch? Die Antwort ist die: Du als einzelner Mensch musst selbst anfangen, für deine Freiheit zu kämpfen. Dazu muss eine Regierungsform eingeführt werden, die die Prinzipien der Demokratie achtet. Wir müssen dafür sorgen, dass die gewählten Vertreter unsere Freiheit garantieren. Denn es gibt für einen Menschen kaum ein wichtigeres Recht, als das Recht auf Freiheit!

Dieser Text erschien in „Für Freiheit bereue ich nichts", eine Sammlung von Shokjangs Essays, die er 2013 veröffentlichte. Für diese deutsche Publikation wurde bewusst der gleiche Buchtitel verwendet.

316[1]

Unzählige bewaffnete Soldaten umstellten die Stadt Rebkong und durchsuchten die Bewohner. Geschah das wirklich zum Schutz der Bevölkerung? Oder, weil man glaubte, dass die tibetische Volksseele kochte? Wie schrecklich ist es doch, wenn gesellschaftliche Stabilität solche Polizeieinsätze bedeutet!

Wessen Werkzeug sind diese Polizisten, die ihre Gewehre auf das Volk richten? Warum müssen sie das tun? Garantieren sie so, was man unsere Menschenrechte nennt? Nennt man dies einen Rechtsstaat? Wenn ich so darüber nachdenke, scheint mir, solche furchteinflößenden Einsätze sind schlicht nichts anderes als der Grund zum Aufstand.

Am 16. März 2015 postete Shokjang diesen Text auf seinem WeChat-Profil.

---

1   Die Chiffre 316 bezieht sich auf das Datum des 16. März. Am 16. März 2008 kam es im Vorfeld der Olympischen Spiele in Peking zu Protesten in Lhasa, die in kurzer Zeit auf ganz Tibet übersprangen und sich zu einem Aufstand von historischem Ausmaß entwickelten. Auch in der Stadt Rebkong gab es Proteste. In *316* beschreibt Shokjang die Repression der Sicherheitskräfte um den Jahrestag der Aufstände im Jahr 2015.

EINLEITUNG

BERUFUNG AN DAS OBERSTE VOLKSGERICHT DER PROVINZ TSHO-NGÖN

von Migmar Dhakyel

Am 19. März 2015 verschwand Shokjang spurlos. Erst einen Monat später erreichte das tibetische Exil die Nachricht, dass er in Rebkong, einer Stadt in der Provinz Amdo, von der chinesischen Polizei verhaftet worden war. Seit seiner Entlassung aus der Haft 2010 stand er unter ständiger Beobachtung der Sicherheitsbehörden. Da er sich in seinen Texten und vor allem in den sozialen Medien kritisch zur chinesischen Politik in Tibet äußert, war es nach Einschätzung seiner Freunde nur eine Frage der Zeit, bis er wieder inhaftiert werden würde.

Im März ging Shokjang mit seinem Schwager nach Rebkong, um tibetische Schulbücher zu verkaufen. Nachdem ihn in der Nacht vom 16. März 2015 drei bewaffnete Sicherheitsbeamte durchsucht hatten, postete er einen Beitrag auf seinem *WeChat*-Profil, der nicht nur von dieser für ihn traumatischen Situation handelt, sondern von der allgemeinen Militärpräsenz in Rebkong zu dieser Zeit.

Es ist kein Zufall, dass Shokjang im März verhaftet wurde. Die Tage um den 10. März sind für den chinesischen Staat eine politisch höchst sensible Zeit. Die Bewegungsfreiheit wird drastisch eingeschränkt, das

Polizei- und Militärpersonal verstärkt und „kritische" Menschen wie Shokjang werden genauestens beobachtet.

Der 10. März 1959 ist der Tag des tibetischen Volksaufstandes gegen die chinesische Besatzung. Rund zehn Jahre nach der militärischen Besetzung erhoben sich die Tibeter in der Hauptstadt Lhasa, um ihre Unabhängigkeit zu bezeugen und ein Ende der chinesischen Fremdherrschaft zu fordern.

Fast fünfzig Jahre später, am 10. März 2008, demonstrierten Mönche der Klöster Drepung und Sera friedlich in Lhasa für die Rückkehr des Dalai Lama und forderten die Unabhängigkeit Tibets. Als chinesische Sicherheitskräfte die Demonstration niederschlugen, kam es in ganz Tibet zu spontanen Protesten, die sich zu einem Aufstand von historischem Ausmaß entwickelten. Ein Freund von mir, der die Proteste von 2008 miterlebt hat, meint: „Es gibt wahrscheinlich keine einzige Familie in Tibet, die nicht Opfer der Repressionen gegen diese Proteste wurde!" Auch in Rebkong kam es am 16. März 2008 zu Protesten. Die staatliche Repression an diesem Tag beschreibt *The Telegraph* wie folgt:

„Die Reaktion war unmittelbar. Aus Angst vor zunehmender Gewalt zogen die Menschen in ihren Läden die Rollläden herunter und mussten mit ansehen, wie Lastwagenladungen von Paramilitärs die Straße in Richtung des Protests hinaufrasten."

Allein in Rebkong wurden zweihundert Menschen verhaftet und zirka zehn Menschen teilweise schwer verletzt. In ganz Tibet spricht man von über hundert Todesopfern und tausend Tibetern, die inhaftiert wurden oder verschwanden.

Das Jahr 2008 war ein Schicksalsjahr für Tibet. Die brutale Gewalt der chinesischen Regierung und gleichzeitig der Mut der Tibeter, dennoch zu Tausenden auf die Straße zu gehen, haben besonders die Generation von Shokjang zutiefst geprägt und ein neues politisches Erwachen ausgelöst.

Es ist üblich, dass es in Tibet an solchen Jahrestagen zu Protesten kommt, nicht nur um der Opfer der Staatsgewalt zu gedenken, sondern auch um den tiefen Unmut gegenüber der chinesischen Politik kundzutun. Der Akt der Erinnerung ist das kollektive Gedächtnis der Tibeter. Die chinesische Regierung versucht mit allen Mitteln, diese politische Mobilisierungskraft einzuschränken. Deshalb werden Menschen wie Shokjang gerade in dieser Zeit verhaftet und daran gehindert, sich frei zu bewegen, frei zu sprechen und frei zu schreiben.

Erst 2016, fast ein Jahr nach seinem Verschwinden, erreichte das tibetische Exil die Nachricht, dass Shokjang angeklagt und verurteilt wurde. Am 17. Februar 2016 wurde er vom Mittleren Volksgericht des Bezirks Malho zu drei Jahren Gefängnis und dem Entzug der politischen Rechte für zwei Jahre verurteilt[1]. Die Anschuldigung lautet: Separatismus.

---

1 Gemäß ehemaligen politischen Gefangenen dient der „Entzug der politischen Rechte" dazu, die politischen Häftlinge nach ihrer Entlassung aus der Haft weiterhin streng zu kontrollieren und ihre beruflichen und sozialen Perspektiven einzuschränken. Dazu gehört beispielsweise, dass diese Personen in keiner Behörde mehr angestellt werden können. „Es ist eine juristische Farce, denn in Tibet gibt es keine politischen Rechte!" sagt Golog Jigme, ehemaliger politischer Gefangener und Flüchtling in der Schweiz.

Nach der Verkündung der Haftstrafe hat sich Shokjang sofort gewehrt und mündlich bekundet, dass er diese Strafe nicht akzeptiere. Nur eine Woche später reichte er sein handgeschriebenes Berufungsgesuch auf Tibetisch und Chinesisch ein, in dem er auf jeden einzelnen Punkt eingeht, der dem Gericht als Grund für die Anschuldigung wegen Separatismus und für das entsprechende Urteil diente. Die meisten Anschuldigungen beziehen sich auf Shokjangs Online-Aktivitäten, und das bedeutet, dass seine Profile in den sozialen Medien genauestens durchsucht und analysiert wurden. Zudem wurde sein Smartphone konfisziert und durchsucht, und darauf gespeicherte Bücher, die der chinesische Staat als politisch abweichend definiert, wurden ihm zum Verhängnis. Die Punkte, die vom Gericht in der Anklage erwähnt werden, zeigen sehr genau auf, wie willkürlich und rechtswidrig die chinesische Justiz gegenüber Tibetern agiert. Dies deckt Shokjang in seinem Berufungsgesuch eins zu eins auf.

Dass Shokjang trotzt Verwehrung eines Rechtsanwalts eigenhändig aus der Haft ein Berufungsgesuch schreibt und einreicht, ist besonders bemerkenswert. Es zeigt seine ungebrochene Willenskraft, sich gegen Unrecht zu verteidigen, selbst wenn dies bedeutet, gegen die Justizbehörde eines der mächtigsten und repressivsten Staaten dieser Welt vorzugehen. Sein Berufungsgesuch ist deshalb ein wichtiges Zeitzeugnis.

Zum Zeitpunkt der Drucklegung dieses Buches befindet sich Shokjang in einem Arbeitslager in Menyuan in der Provinz Amdo. Lesen ist nicht erlaubt, und er ist dazu gezwungen, täglich schwere Arbeiten zu verrichten. Am 19. März 2018 endet seine offizielle Haftstrafe. Das heißt nicht, dass er dann frei sein wird.

BERUFUNG AN DAS OBERSTE VOLKSGERICHT DER PROVINZ TSHO-NGÖN

An das Oberste Volksgericht der Provinz Tsho-ngön!

Mein Name ist Drukar Gyel oder Druklo und ich schreibe unter dem Pseudonym Shokjang.
Ich stamme aus einer Nomadenfamilie aus Tshokhagya in der Gemeinde Gengya, Kreis Sangchu, Bezirk Kanlho, Provinz Tsho-ngön. Am 19. März 2015 ließ mich das Büro für Öffentliche Sicherheit des Kreises Rebkong festnehmen und am 20. März wurde ich im örtlichen Untersuchungsgefängnis inhaftiert. Der offizielle Haftbefehl wurde mir am 5. Mai 2015 zugestellt. Am 21. Juli wurde mein Fall vor dem Volksgericht des Bezirks Malho in erster Instanz verhandelt. Nachdem ich in meiner Verteidigung erklärt hatte, dass meine Handlungen keine Übertretung des Gesetzes darstellen, wurde der Prozess um mehr als sieben Monate vertagt. Am 17. Februar 2016 wurde ich vom Mittleren Volksgericht des Bezirks Malho in zweiter Instanz zu drei Jahren Gefängnis und dem Entzug der politischen Rechte für zwei Jahre verurteilt. Dieses Urteil kann ich unter keinen Umständen akzeptieren. Deshalb reiche ich diese Berufung bei Ihnen, dem Obersten Gericht der Provinz Tsho-ngön, ein, in der aufrichtigen Hoffnung, dass Sie Gerechtigkeit walten lassen werden. Das Volksgericht des Bezirks Malho beschuldigt mich, dass die Inhalte meiner Schriften zum Separatismus aufrufen, insbesondere durch: erstens einen Blogpost über die Freiheit der Religionsausübung; zweitens einen Artikel darüber, wie ich am 16. März

2015 in meinem Hotel von bewaffneten Polizisten und Soldaten durchsucht wurde; drittens die Weiterverbreitung eines im Internet kursierenden Auszuges von Shokdung *The Division of Heaven and Earth*[1]; viertens die Verbreitung der Nachricht, dass die chinesische Regierung Gespräche mit dem Dalai Lama beabsichtigt, die die tibetische Unabhängigkeit nicht betreffen; fünftens die Weiterverbreitung eines Videos im Internet, in dem einige chinesische Polizisten chinesische Zivilisten in einer Gasse zusammenschlagen und sechstens das Speichern von sechs Büchern auf dem Smartphone, unter anderem Wang Lixiongs *Sky Burial: The Fate of Tibet*[2].

Was die ersten vier Punkte angeht, so habe ich diese bereits früher in meiner Verteidigung geklärt; in der jetzigen Urteilsbegründung wurde meine Argumentation, in der ich die Verfassung zitiere, als völlig irrelevant bewertet. Wenn nicht einmal das, was in der Verfassung garantiert wird, als Argument zählt, dann ist für mich schwer nachzuvollziehen, auf welche Grundlagen sich der Mittlere Volksgerichtshof beruft. Für den Fall, dass auch nur ein Funken Hoffnung besteht, möchte ich nochmals die Argumente dafür, dass meine Handlungen nicht im Widerspruch zu den geltenden Gesetzen stehen, vortragen

---

1 Shokdung ist einer der wichtigsten zeitgenössischen Intellektuellen und Schriftsteller in Tibet. Dieses Buch, im Original tibetisch, analysiert den historischen Aufstand von 2008 in Tibet. Die englische Übersetzung ist 2016 im Hurst & Company Verlag erschienen.
2 Wang Lixiong ist ein chinesischer Schriftsteller, Intellektueller und Dissident. Dieses Buch, im Original chinesisch, handelt von der politischen Lage und Geschichte Tibets. Die englische Übersetzung ist 1998 im Verlag Mirror Books erschienen.

und ausführlich begründen. Ich bitte deshalb das Oberste Volksgericht, diese Begründung sorgfältig zu prüfen.

1—Religionsfreiheit ist ein wichtiges Bürgerrecht, das in der „Verfassung" der Volksrepublik China festgeschrieben ist. In meinem Artikel habe ich meine Sichtweise zu den strengen Maßnahmen der bewaffneten Soldaten während des Butterfestes[3] im Kloster Kumbum dargelegt und mich dabei stets auf dieses in der Verfassung festgeschriebene Recht bezogen. Des Weiteren habe ich lediglich meinen Lesern das Recht auf Religionsfreiheit vorgestellt. Als Bürger habe ich das Recht, das im Einklang mit dem Gesetz steht, die Stimmung in der Gesellschaft zu ergründen, darüber zu schreiben und dies zu veröffentlichen. Es ist außerdem meine Pflicht, andere über das Rechtssystem zu informieren. Ich habe lediglich meine verfassungsmäßigen Rechte und Pflichten in Anspruch genommen und habe mit keinem Wort von „Separatismus" gesprochen, wie es mir vorgeworfen wird. Mit anderen Worten, ich habe die generelle Beziehung zwischen Politik und Religion analysiert und

---

3 Das Butterfest findet am letzten Tag des großen Gebetsfestes *Monlam Chenmo* statt, das im Rahmen der tibetischen Neujahrsfeierlichkeiten zelebriert wird. An diesem Tag werden von den Mönchen aus Butter gefertigte Skulpturen öffentlich präsentiert. Besonders die Skulpturen im Kloster Kumbum sind sehr berühmt. Dabei versammeln sich unzählige Tibeter in ihren Klöstern. Solche Anlässe werden von den chinesischen Behörden oft mit erhöhter Militärpräsenz kontrolliert. Hier bezieht sich Shokjang auf die Ereignisse von 2015 in Kumbum, als Hunderte von schwer bewaffneten Soldaten vor dem Kloster Kumbum eingesetzt wurden. Ein Tibeter vor Ort sagte: „Ich hatte solche Angst, dass ich vergaß zu beten." Wie Shokjang haben viele Tibeter danach in den sozialen Medien diese militärische Machtdemonstration kritisiert.

meine ganz persönliche Meinung darüber geäußert, was herauskommen würde, wenn die Politik die Religion dominierte oder umgekehrt. Ersteres ist in besagtem Artikel ausgeführt, Letzteres habe ich noch nicht fertiggestellt.

Um es genau zu sagen, das war nur ein kurzer einfacher Aufsatz und hat mit der schwerwiegenden politischen Anschuldigung des Separatismus nichts zu tun. Der Mittlere Gerichtshof des Bezirks Malho hat daraus folgenden kurzen Abschnitt genommen und mich deshalb separatistischen Denkens beschuldigt: „... hier wird nicht nur die Religionsfreiheit der Tibeter mit Füßen getreten, sondern die Religionsfreiheit aller Bürger Chinas." Ist das nicht für jeden intelligenten Menschen total lächerlich? Nicht nur habe ich hier keinerlei Anmerkungen zu Separatismus gemacht, sondern ich habe zudem von allen Menschen Chinas gesprochen und zwischen dem tibetischen und chinesischen Volk nicht unterschieden. Ich kann daher nicht erkennen, wo Sie da irgendeinen Separatismus erkennen wollen. Zu dieser Zeit war der Vorfall des Butterfestes in Kumbum bereits im Netz verbreitet. Wie Ihnen bekannt ist, hatten zahlreiche Pilger nach und nach ihre Eindrücke und Meinungen überall im Netz veröffentlicht. Ich habe das alles gelesen und erst dann meinen Kommentar dazu geschrieben. Die Fotos des Beitrags habe ich schlicht aus Tausenden Fotos anderer Posts herausgesucht und übernommen; nicht ein einziges Foto habe ich selbst gemacht. Ich habe mich damals in Labrang aufgehalten und jeder Mensch weiß, dass mein Kameraobjektiv schwerlich bis Kumbum reichen kann. Oder, um es noch einmal anders zu formulieren, ja, ich habe damals meine Sichtweise über diesen Vorfall offen zum Ausdruck gebracht und es ist mein gutes Recht, frei zu schreiben. Dieses Recht ist in der Verfassung festgeschrieben und wird von ihr geschützt. Ein gewöhnliches kulturelles Fest wird hier zu einer schwerwiegenden politischen Sache hochstilisiert. Wenn meine Posts als Anstiftung zu Separatismus gedeutet werden, sind dann die Pilger und Reisenden jeglicher Herkunft, die Fotos der Ereignisse in Kumbum im Netz veröffentlicht haben, auch zu separatistischen Aktivisten geworden? Folgt man dieser Logik, bleiben nur wenige Bürger übrig, die keine Separatisten oder Anstifter zum Separatismus sind. Führt solch ein extrem misstrauisches Vorgehen nicht zu einem autoritären Würgegriff? Steht das nicht im Widerspruch zu den grundlegenden sozialistischen Wertvorstellungen von „Freiheit, Demokratie, Gleichheit und Rechtssicherheit", wie sie Präsident Xi Jinping und andere propagieren? Werden solche willkürlichen Handlungen, die die Entscheidungen auf höchster Ebene zunichtemachen, China nicht zum Gespött aller Nationen der vier Himmelsrichtungen machen? Werden sich zukünftige Generationen nicht dafür schämen müssen? Ich bitte den Obersten Volksgerichtshof, dies einer genauen Untersuchung zu unterziehen.

2—Am Abend des 16. März hielt ich mich in meinem Hotel in Rebkong auf. In der Nacht drangen eine Person in Polizeiuniform und zwei Personen in Armeeuniform in mein Zimmer ein und behaupteten, es durchsuchen zu müssen. Als ich einen Durchsuchungsbefehl verlangte, richteten sie ihre Waffen auf mich und herrschten mich brüllend an. Als sie den

Gewehrlauf auf mich richteten, spürte ich zum ersten Mal eine ungeheure Angst. Für diese Angst, die jenseits aller Vorstellung und Beschreibung ist, verabscheue ich die Sicherheitsbehörden von Rebkong! Ich wusste nicht, ob ich es tatsächlich mit der Polizei oder mit irgendwelchen Kriminellen zu tun hatte. In der Hoffnung, Unterstützung von der Sicherheitsbehörde und der Gesellschaft zu bekommen, schrieb ich diesen Post. Sollten diese Leute, die mich in jener Nacht gewaltsam durchsucht haben, tatsächlich Polizisten und Soldaten gewesen sein, war es ein unrechtmäßiger Akt, mich ohne schriftlichen Beschluss zu durchsuchen. Ich bin deshalb die geschädigte Person. Ich bin derjenige, der vom Gericht geschützt werden muss. Und falls es tatsächlich Kriminelle waren, bin ich erst recht der Geschädigte und muss durch das Gesetz geschützt werden. Aber unerklärlicherweise hat mich das Gericht nicht nur der Anstiftung zum Separatismus bezichtigt, sondern mich gar der Lüge beschuldigt: „Die oben erwähnten Punkte belegen, dass die verzerrte Darstellung der polizeilichen und militärischen Routinekontrolle zu öffentlicher Unruhe geführt hat. Daher trägt sie Züge der Unterstellung und Aufwiegelung." Überprüft die Aufnahmen der Überwachungskameras! Dann wird sich zeigen, ob ich gelogen habe oder nicht. Was den Vorwurf der Aufwiegelung betrifft, so bleibt mir das ein unverständliches Rätsel. Sollte damit Aufwiegelung zum Separatismus gemeint sein, so habe ich mit keiner Silbe das Wort Separatismus erwähnt, geschweige denn dazu angestiftet!

Wenn ich schon völlig haltlos dafür kriminalisiert wurde, dass ich über das geschrieben habe, was mir widerfahren ist, frage ich mich, ob es mich nicht vollends zum Separatisten macht, dass ich nun Berufung einlege. Je länger ich über dieses Urteil nachdenke, desto mehr bringt es meinen Leib zum Schaudern und desto weniger weiß ich mir zu helfen. Deshalb bitte ich den Obersten Gerichtshof um ein gerechtes Urteil.

3—Ich habe einen kurzen Ausschnitt aus *The Division of Heaven and Earth* von einer anderen Seite kopiert und im Netz geteilt. Als ich den Ausschnitt veröffentlichte, fügte ich diesen Kommentar hinzu: „Lest das immer wieder und denkt immer wieder darüber nach!" Der Grund dafür ist, dass ich nicht noch einmal eine solche Tragödie von sterbenden Menschen und vergossenem Blut sehen möchte. Ich werde immer dagegen aufbegehren, wenn einige ihr eigenes Glück auf dem Leiden anderer errichten. Die Volksrepublik China ist ein großer Staat bestehend aus 56 Nationalitäten. Die Tibeter sind eine der größten Nationalitäten darunter. Ich bin ein Bürger der Volksrepublik China und darüber hinaus ein tibetischer Intellektueller. Von daher habe ich die Verantwortung für das wertvolle Leben meiner tibetischen Brüder und Schwestern. Wenn man nun dies als Aufwiegelung zum Separatismus bezeichnet, gibt es denn etwas Lächerlicheres als das? Ich erdulde diese Strafe mit Freude, aber ich möchte niemals ein Mensch sein, der sich nicht um das Leben seiner tibetischen Brüder und Schwestern kümmert. Letztlich würde ich das natürlich auch für meine chinesischen Brüder und Schwestern tun.

4—Die Nachricht, dass die Regierung der Volksrepublik Gespräche mit dem Dalai Lama führen wird, war eine chinesische Agenturmeldung. Ein Freund von mir hat dies in seinem Newsfeed gepostet und ich habe es dann geteilt. Es ist verwunderlich, dass sogar das Teilen von staatlichen Nachrichten illegal ist. Solche Gespräche haben tatsächlich früher schon einmal stattgefunden[4]. Vor einigen Jahren kamen Gesandte der tibetischen Regierung für Gespräche in die Volksrepublik, und das hatte in keiner Weise etwas mit Staatsgeheimnissen zu tun, was dem Volksgericht des Kreises Malho anscheinend verborgen geblieben ist. Wenn nicht, wie konnte es zu solch einem Fehlurteil kommen? Selbst wenn man dem Mittleren Volksgericht des Kreises Malho folgen würde, dann hätte nicht nur ich mich eines Vergehens schuldig gemacht, sondern auch die Regierung der Volksrepublik China. Demzufolge müsste man die ganze Presse innerhalb der Volksrepublik schließen. Ich bitte das Oberste Volksgericht, dies zu beherzigen!

5—Der Videoclip zeigte einen wahren Vorfall irgendwo in Festlandchina. Er wurde ausgesprochen oft geteilt. Ich selbst habe ihn vom *Weibo*-Account eines chinesischen Freundes geteilt. Ich hatte Mitleid mit den unglücklichen chinesischen Bürgern, die Opfer der Prügelattacke waren. Wie oben gesagt: Ich habe das ausdrücklich auch für meine chinesischen Schwestern und Brüder getan! Das hat nicht einmal einen

---

4 Seit den späten 1980er Jahren hat der Dalai Lama die Unabhängigkeit als Ziel aufgegeben und verfolgt die sogenannte Politik des *Mittleren Weges*, wonach durch den Dialog mit der chinesischen Regierung eine echte Autonomie für Tibet erreicht werden sollte. Bis 2010 haben neun Gesprächsrunden stattgefunden, die jedoch zu keinen Ergebnissen führten. Seit 2010 verweigert die chinesische Regierung den Dialog.

Hauch mit Separatismus zu tun. Wo will man da illegale Elemente erkennen? Es ist für mich schwer erträglich, dass das Volksgericht Malho, ohne den Inhalt des Videoclips zu kennen, die Sache mit Tibet in Zusammenhang bringt und einem einfachen Mann wie mir die äußerst schwere Last des Vergehens der Anstiftung zum Separatismus aufbürdet. Deshalb hoffe ich und warte darauf, dass das Oberste Volksgericht der Provinz meine Unschuld anerkennt und mich rehabilitiert.

6 — Es ist wahr, dass ich einige Bücher, darunter Wang Lixiongs *Sky Burial: The Fate of Tibet,* gelesen habe. Aber ich habe aus keinem dieser Bücher auch nur ein Wort zitiert, geschweige denn, dass ich sie an andere weitergegeben habe. Wenn das ein Buch sein sollte, das man nicht lesen darf, dann begrüße ich es sehr, dass dem Autor die Freiheit zu publizieren nach dem Gesetz zuteil wurde. Solchen Gesetzen zolle ich meine Hochachtung. Ein Autor wie er würde von jedem Land und jeder Nation sehr geschätzt. Dennoch: Wenn einem Autor die Freiheit zu veröffentlichen eingeräumt wird, der Leser aber verurteilt wird, ist mir völlig unklar, in welchem Gesetz solche Bestimmungen enthalten sind. Man möge mir verzeihen, falls ich hier zu wenig mit dem Recht vertraut bin. Falls nicht, bitte ich das Oberste Volksgericht diese Politik von „einem Land, zwei Systemen" genau zu erklären.

Eines möchte ich dazu noch anmerken: Für einige meiner Freunde wurde die bloße Aussage, dass sie die obigen drei Posts auf meinem *Weibo*-Account gesehen haben, als klarer Beweis für einen Gesetzesbruch gewertet. Wenn bereits das Sehen derartiger

Dinge dem Gesetz zuwiderläuft, dann frage ich mich, ob nicht nur alles, was ich geschrieben habe, sondern auch alles Denkbare ein Verbrechen sein könnte. Welcher intelligente Mensch würde nicht über solche unhaltbaren Anschuldigungen lachen? Was ich auch nicht verstehe ist, dass man mein iPhone 5s konfisziert hat. Der Grund dafür mag sein, dass ich damit auf diese Blogs zugegriffen habe. Hätten sie diese Notizen irgendwo in meinem Haus gefunden, hätte man dann auch mein Haus und meine Einrichtung beschlagnahmt? Auch wenn sie es von jeher gewohnt sind, sich nach Belieben zu bedienen: Ich habe nicht viel zu „spenden". Deshalb flehe ich den Obersten Volksgerichtshof an, „keine teuflischen Winde in den Tsampa-Beutel eines armen Mannes zu blasen."[5]

Zuletzt: Das Recht, meine Meinung frei zu äußern, sowie das Recht, das, was ich denke, zu schreiben, sind in der Verfassung verankert. Dennoch entschuldige ich mich für meine fehlerhafte Darstellung in Wort und Schrift aufgrund meiner mangelhaften Kenntnis der Gesetze.

Mehr noch, die ganze Welt und meine Verwandten schauen auf mich und die Tränen in ihren Augen trocknen nicht. Meine Frau und mein Sohn warten jede Minute auf mich.

---

5 Nomadensprichwort mit der Bedeutung, man solle einem armen Menschen nicht noch das letzte Hemd nehmen. Tsampa, geröstetes Gerstenmehl, ist das tibetische Grundnahrungsmittel.

Ich hoffe und warte deshalb darauf, dass der Oberste Gerichtshof so schnell wie möglich zu einer gerechten Entscheidung kommen wird.

Hochachtungsvoll

Druklo aka Shokjang

24. Februar 2016

Die handgeschriebene Berufung konnte von einem Freund von Shokjang aus dem Gefängnis geschmuggelt werden und wurde danach auf WeChat gepostet.

HIER KOMME ICH

Wie auch schon letztes Jahr komme ich dieses Mal langsam, zähneknirschend und verbissen. Aus allen Himmelsrichtungen, aus dem Äußeren, dem Inneren und dem Geheimen, egal wie schwer mir Maß und Disziplin auch werden, seit diesem Tag, an dem mir bewusst wurde, dass ich einen solchen Weg wählen will, ist es mir unmöglich, diesen zu verlassen.

Sollte mich jemand fragen, wieso ich mit solcher wilden Entschlossenheit vorangehe, werde ich ohne jegliches Zögern antworten: „Immer, wenn ich die zwei Wahrheiten, die offenkundige und die verborgene, einer jeder Sache suche, spüre ich plötzlich ein Stechen tief drinnen, im Fleisch und in den Knochen, und ich kann keinen Augenblick auch nur ruhig sitzen oder gar einen Mundvoll essen!"

Aber falls irgendjemand sagt: „Wirf doch deinen Stift weg und arbeite mit uns zusammen! Wir verschaffen dir Macht und Ruhm!", dann werde ich ohne den geringsten Zweifel antworten: „Das Schicksal kann mir nichts vormachen. Das Schreiben ist das Karma, das mir die Götter oder wer weiß ich auferlegt haben, und wenn es um mein geliebtes Leben ginge, ich würde es nicht aufgeben!"

Aber niemand hat mich gefragt und ich brauche auch niemanden, der mir solche Fragen stellt. Ich habe mich selbst gefragt und habe mir selbst diese Antwort gegeben und das ist mir genug.

Wir haben eine große Schwäche für Macht, Ruhm und den eigenen Vorteil, und weil wir uns ständig mit Betrug und Heuchelei abfinden müssen, entfernen wir uns immer weiter von der Suche nach der Wahrheit. Dazu hat Gendün Chömpel treffend gesagt: „Welch ein Jammer, wenn der Löwe zum Diener des Hundes wird."

In einem gewissen Sinn mag das unsere vorbestimmte „Herausforderung" sein. Ohne diese „Herausforderung" würden wir uns sicherlich nicht an die Wahrheit und an das Prinzip von Ursache und Wirkung halten. Im Gegenteil – würden wir nicht dann den Grund unserer eigenen Existenz negieren?

Oder, anders betrachtet, seit dem Tag an dem die Menschen auf diese Welt kamen, sind in ihren Herzen das Weiße und das Schwarze miteinander verquickt. Die Wahrheit und karmische Kausalität, die Aufrichtigkeit und die Reinheit, die wir gerade nicht sehen, gehören zum Weißen. Und dieses Weiße kann nur deshalb nicht direkt gesehen werden, weil es vom Schmutz verdeckt ist. Aber es kann nicht sein, dass es für immer verschwunden ist.

Damit ist glasklar, warum wir unser Leben in Mühe und Leid führen müssen. In keiner Weise bedeutet dieses Leiden jedoch, dass wir keine Freude und Glück in unserem Leben haben. Wie können wir mit Gewissheit sagen, dass dieses Leiden letztlich nicht zu Freude und Glück führt?

Dieser Text ist das Vorwort von „Macht des Stiftes", 2012.

WER IST SHOKJANG?
EIN GESPRÄCH MIT
KUNCHOK DHUNDUP

Kunchok Dhundup ist ein ehemaliger Kommilitone und enger Freund von Shokjang. Er hat Tibetologie an der Nordwest-Universität für Nationalitäten in Lanzhou studiert und anschließend beim Fernsehsender Qinghai als Reporter gearbeitet. 2016 floh er aus Angst vor politischer Verfolgung ins Exil. Heute lebt er in Washington D. C. und arbeitet als Nachrichtensprecher in der tibetischen Abteilung von Voice of America.

Das nachfolgende Gespräch mit ihm führte Migmar Dhakyel im Januar 2018.

Kunchok Dhundup la, was ist das Besondere an Shokjangs Werk und an seiner Persönlichkeit? Er ist ja noch sehr jung und hat dennoch schon einige Bücher publiziert.

Ich habe an Shokjang schon immer geschätzt und finde es einzigartig, dass er, egal unter welchen Umständen, sagt, wenn etwas falsch ist. Die politischen Argumente, die Shokjang in seine Texte einfließen lässt, werden von der chinesischen Regierung als illegal eingestuft. Das heißt, Shokjang schreibt das, was der Großteil der tibetischen Bevölkerung nicht aussprechen darf. Natürlich hat er unter den Konsequenzen seiner kritischen Äußerungen zu leiden. 2010 wurde er als Student zum ersten Mal inhaftiert und als er freikam, war er unglaublich mager und sah richtig krank aus. Doch er ließ sich nicht davon abhalten, im

Gegenteil! Er hat weiterhin gelesen und geschrieben, was er dachte. Deshalb ist er für mich ein Held. Nach seiner Haftentlassung 2010 hatte er unheimlich große Probleme, denn die Wiederaufnahme seines Studiums und damit auch sein Universitätsabschluss wurden ihm verwehrt und das führt natürlich dazu, dass er keine beruflichen Perspektiven hat. Aber selbst das hat ihn nicht davon abbringen können weiterzuschreiben.

An wen richtet sich Shokjang in seinen Texten? Wen will er damit ansprechen?

Ich denke, er spricht zu allen Tibetern in Tibet. Er möchte die Menschen dazu inspirieren, kritischer zu denken und sich mit Konzepten wie Demokratie und Freiheit auseinanderzusetzen, um so einen echten Wandel für Tibet herbeizuführen. Natürlich richtet sich seine Kritik primär an die Politik der chinesischen Regierung, aber er äußert sich ebenso kritisch, wenn es um geistliche Würdenträger wie Lamas, die in der tibetischen Gesellschaft unheimlich großen Einfluss haben, geht. Er ist kompromisslos in seiner Kritik. Das macht ihn zu einem wahrhaftigen Intellektuellen, der sich stets mit der tibetischen Gesellschaft beschäftigt und alles daransetzt, sie zum Besseren zu verändern.

Es ist interessant, dass Sie Demokratie und Freiheit erwähnen. Auffällig ist, dass Shokjang sich oft auf westliche Denker und Konzepte bezieht. Woher kommt diese Bewunderung für die westliche politische Philosophie? Inzwischen gibt es durchaus kritische Stimmen, die auch argumentieren, dass der

Westen Konzepte wie Demokratie und Freiheit dazu benutzt, um in anderen Ländern Kriege zu führen.

Das stimmt! Es ist aber dennoch sehr wichtig, den politischen Kontext von Tibet zu verstehen. Wir sind in einem Bildungssystem aufgewachsen, in dem es nur die kommunistische Theorie gibt. Alles, was in unseren Lehrbüchern steht und alle Autoren, die wir lesen mussten, sind geprägt vom kommunistischen Denken. Die Hauptinformationsquellen werden staatlich definiert und propagiert. Zudem haben wir nicht den Zugang zu Informationen, wie ihn der große Rest der Welt hat. In Tibet kann man sich seine Informationen nicht frei beschaffen. Dies führt dazu, dass man sich als Tibeter genau diese Bücher und Autoren, die für unseren Freiheitskampf relevant sind, selbst suchen muss. Zudem gibt es nur ganz wenig, das auf Tibetisch zugänglich ist. Deshalb stützten wir uns auch oftmals auf chinesische Übersetzungen, wenn wir ausländische Literatur lesen wollten. Das Ziel von Shokjang und einigen Intellektuellen ist es, in Tibet westlich-politische Philosophie zu verbreiten, damit sich das tibetische Volk emanzipiert. Die tibetisch-buddhistische Philosophie ist ein großes Welterbe und gehört zur tibetischen Kultur und Geschichte. Sie ist tief verankert im Denken der tibetischen Gesellschaft. Was uns aber fehlt, ist eine politische Philosophie! Eine Philosophie, die zu einer geistigen Revolution führen könnte, damit wir uns als Gesellschaft nicht nur demokratisieren, sondern auch die Kraft entwickeln, uns von der chinesischen Fremdherrschaft zu befreien. Das ist ein zentrales Anliegen von Shokjang bei allem, was er schreibt.

Was hat Shokjang dazu bewegt, sich politisch zu äußern?

Ich glaube, dass die Nordwest-Universität für Nationalitäten in Lanzhou, an der wir beide studiert haben, eine Festung tibetischer Kultur ist. Denn hier wird die tibetische Kultur nicht nur tiefgründig studiert, sondern auch kritisch analysiert. Unsere Lehrer sind Pioniere, die ein sehr weitsichtiges Verständnis für tibetische Kultur haben, traditionell wie modern. Viele der Lehrer waren unheimlich progressiv und liberal in ihrem Denken und Unterrichtsstil. Wir hatten eine innige Beziehung zu ihnen. Somit entwickelte sich auch bei uns Studenten eine Leidenschaft für die tibetische Sprache und Geschichte. Wenn man die heutige Lage in Tibet kennt, ist es nicht verwunderlich, dass ein solches Bewusstsein für die eigene Kultur unweigerlich auch ein politisches Verständnis für die miserable Lage der Tibeter nach sich zieht. Das führte dazu, dass wir beide im Jahr der großen Aufstände von 2008 in Studentenproteste involviert waren, die an unserer Universität organisiert wurden. So habe ich Shokjang auch zum ersten Mal getroffen.

Welche Denker und Literaten inspirieren ihn?

Für Shokjang sind historische Persönlichkeiten wie Gendün Chömpel und Döndrub Gyel sehr prägend. Er hat beide intensiv studiert und je ein Buch über diese beiden großen Literaten publiziert. Zudem schaut er zu Intellektuellen wie Shokdung, Lhamo Kyab[1] und Nyen[2] auf. Die meisten seiner Freunde sind Schriftsteller. Shokdung ist ein berühmt-berüchtigter

Intellektueller aus Amdo. Er hat Ende der 1990er Jahre einen Artikel geschrieben, der im wahrsten Sinne des Wortes ein Erdbeben ausgelöst hat. In diesem Essay argumentiert er, dass die Tibeter in ihrem Aberglauben rückständig sind und dass einzig und allein die „Zerstörung" des traditionellen buddhistischen Glaubens dazu führen wird, dass sich das tibetische Volk demokratisiert. Danach wurde er von den großen klösterlichen Institutionen und einflussreichen Geistlichen als Ungläubiger verurteilt und ihm wurde mitunter vorgeworfen, chinesische Propaganda zu verbreiten. Nach den historischen Aufständen in Tibet 2008 schrieb er ein wichtiges Buch über sie und nannte sie die wahrhaftige „Revolution". Dieses Buch wurde dann von der chinesischen Regierung verboten und er wurde inhaftiert. Es hat ihn in einem gewissen Sinne in der tibetischen Gesellschaft rehabilitiert. Heute gilt Shokdung als einer der wichtigsten Denker Tibets, der für eine radikale Moderne steht. Er kämpft für ein selbstbewusstes modernes Tibet, definiert von den Tibetern selbst. Dieses Ideal von einer demokratischen und emanzipierten Gesellschaft hat Shokjang sehr inspiriert. Die Debatte

---

1 Lhamo Kyab ist ein Intellektueller, Schriftsteller und Übersetzer aus Tsho-ngön, Amdo. Er ist mit Jamyang Kyi, einer Feministin, Schriftstellerin, TV-Moderatorin und Sängerin aus Tsolho in Amdo verheiratet. Beide werden genau von den chinesischen Behörden beobachtet und regelmäßig schikaniert, wie Jamyang Kyi im November 2017 auf *WeChat* berichtete.

2 *Nyen* beschreibt einen strengen, zornigen Geist in der tibetisch-buddhistischen Mythologie. Es ist das Pseudonym von Jangtse Dongkho. Er ist ein Schriftsteller aus Ngaba, Amdo und hatte im Literaturmagazin *Shar Dung Ri* („Östlicher Schneeberg") einen kritischen Artikel über die Aufstände in Tibet im Jahr 2008 geschrieben. Das Literaturmagazin wurde danach verboten. Nyen sowie einige Schriftsteller und Redakteure des Magazins wurden zwischen 2010 und 2011 verhaftet und zu Haftstrafen von bis zu vier Jahren verurteilt.

zwischen Tradition und Moderne ist eine, die Shokjang auch sehr beschäftigt.

Was hat Shokjang nach seiner ersten Inhaftierung 2010 gemacht?

Er hatte nie eine richtige Arbeit, so wie man das hier kennt. Er war im wahrsten Sinne des Wortes ein Freigeist und Intellektueller. Ab und zu hat er kleinere Übersetzungen übernommen, wie zum Beispiel die Untertitel für Filme. Und er hat sehr viele Übersetzungen vom Chinesischen ins Tibetische gemacht, damit auch Tibeter, die nicht Chinesisch lesen können, Zugang zu verschiedenen Texten haben. Ich kann mich erinnern, dass „Zwei Abhandlungen über die Regierung" von John Locke, einem Vordenker der Aufklärung, zu seinen absoluten Lieblingsbüchern gehörte. Von 2013 bis 2014 hat er sein Möglichstes versucht, dieses Buch auf Tibetisch zu übersetzen, aber er kam nicht zu einem zufriedenstellenden Ergebnis und hat es dann nicht veröffentlicht. Grundsätzlich war Shokjang ein ambitionierter Übersetzer, der diese Arbeit sehr ernstnahm. Zudem gründete er zusammen mit seinem Freund ein Café in Silling. Es entwickelte sich schnell zu einem beliebten Treffpunkt der tibetischen Intellektuellen. Die „Sonntagsdebatte" in seinem Café wurde zu einem Diskussionsforum, das über die Stadt hinaus bekannt wurde. In Tibet gibt es keine Institutionen, die einen echten Austausch ermöglichen würden. Unsere Orte der freien Diskussion sind die Cafés und Bars. Dort konnten wir wirklich das besprechen, was uns auf dem Herzen liegt. Nach nicht einmal einem Jahr wurde das Café auf Druck der Behörden geschlossen, denn beide Inhaber – auch Shokjangs Freund – waren ja ehemalige politische Gefangene und wurden konstant von der chinesischen Geheimpolizei überwacht.

Wie haben sich Shokjangs Texte mit der Zeit verändert?

Am Anfang in den ersten Studienjahren schrieb er viele Gedichte. Aber das ist üblich bei uns. Jeder, der sich selbst als gebildet ansieht, ist gezwungen, Gedichte zu schreiben! *(lacht)* Der Inhalt von seinen Texten ist sehr divers. Als Tibetologe befasst er sich sehr intensiv mit der literarischen Geschichte Tibets. Dann schreibt er politische Texte, in denen er ein bestimmtes Thema aufgreift, um die tibetischen Leser dafür zu sensibilisieren. Die Rechte jedes Menschen und die Freiheit sind immer wieder auftauchende Elemente in seinen Texten, was auf den ersten Blick vielleicht nicht spektakulär wirkt. Im Kontext von Tibet aber ist es sehr bemerkenswert, dass jemand den Mut hat, solche Themen unverblümt und direkt anzusprechen. Er liest unglaublich viel und ich habe über die Jahre gemerkt, dass sich seine Texte und auch seine Gedanken dementsprechend weiterentwickeln und dass sich so sein politisches Bewusstsein schärft.

Wie konnte Shokjang seine Bücher in Tibet verbreiten?

In Tibet gehören die großen Buchhandlungen den chinesischen Behörden. Das bedeutet, dass Schriftsteller wie Shokjang keinen Zugang zu Verlagen und Buchhandlungen haben. Den Zugang musste er sich im Untergrund verschaffen. Es gibt kleinere Buchläden, die von Privatpersonen geführt werden. Bei solchen Läden hat er seine Bücher persönlich vorbeigebracht. Als ich ihn vor ein paar Jahren traf, erzählte er mir, dass er gerade auf dem Weg zu einem Buchladen war, um seine Bücher abzugeben. Doch als er dort ankam, standen schon ein paar Geheimpolizisten da und forderten ihn auf, zu gehen. Von daher kann man wirklich sagen, dass politische Bücher wie die von Shokjang heimlich verkauft und weitergegeben werden müssen. Aber Shokjang ließ sich nicht davon beirren, im Gegenteil, er hatte immer wieder neue Ideen für Bücher und hat diese auch weiterverfolgt.

Shokjang war vor seiner Inhaftierung auch sehr aktiv im Internet. Man könnte ihn auch als Blogger bezeichnen, da er auch kurze Beiträge auf *WeChat* und *Weibo* veröffentlicht. Hat er im Internet eine große Leserschaft?

Ja, ich glaube, man könnte ihn ebenfalls als Journalisten bezeichnen, denn er hat Missstände, die er entdeckte, sofort zur Sprache gebracht und in den sozialen Medien auch kommentiert. Er hatte eine große Leserschaft und stand mit vielen Menschen in Kontakt. Besonders in der jungen Generation hat er so viele Debatten und Diskussionen initiiert, mitunter auch mit chinesischen Intellektuellen. Shokjang ist rhetorisch sehr begabt. Ich habe ihn ein paar Mal bei Diskussionen erlebt, denn er war Vorsitzender des traditionsreichen Debattier-Clubs „Freie Diskussion" an unserer Universität, wo Studenten verschiedenste Themen miteinander diskutierten. Er ist jemand, der von der Wichtigkeit des gegenseitigen Austauschs überzeugt ist. Shokjang will, dass Menschen sich frei äußern, damit verschiedenste Ansichten miteinander konkurrieren und so neue Erkenntnisse entstehen können.

Shokjang ist verheiratet und hat einen Sohn. Wie hat ihn das Familienleben als Schriftsteller beeinflusst?

Seine Frau hat er an der Universität kennengelernt. Auch sie hat Tibetologie studiert. Sein Sohn heißt Rangwang Gha (freiheitsliebend) und es war Shokjang sehr wichtig, ihm diesen Namen zu geben. Sein Sohn ist erst drei Jahre alt. Ich kann mich noch an Shokjangs Worte erinnern, als er geboren wurde, er meinte zu mir: „Seit er auf der Welt ist, bin ich achtsamer geworden. Er beobachtet mich und jede Bewegung, die ich mache, mache ich nun bewusster, denn ich sehe welchen Einfluss ich als Vater auf ihn habe und es ist mir nun wichtiger als je zuvor, reflektiert zu handeln."

Grundsätzlich muss ich sagen, dass es schon sehr merkwürdig erscheinen mag. Shokjang ist ein sehr enger und wichtiger Freund von mir. Nach dem Studium hat sich unsere Freundschaft noch vertieft und wir verspüren eine tiefe Loyalität zueinander. Trotzdem wusste ich nie viel über seine persönliche Lebensgeschichte. Ich weiß nicht genau, woher er kommt, aus welcher Familie. Ich weiß auch nicht sehr viel über sein Familienleben. Das liegt daran, dass wir, wenn wir mit Freunden zusammenkamen, sofort über gesellschaftliche und politische Ereignisse diskutiert haben. Oder wir sprachen darüber, welcher Schriftsteller denn kürzlich etwas Neues geschrieben hatte. Natürlich hatten wir alle unsere persönlichen Schicksale und es war besonders für Shokjang nicht möglich, frei und ohne Sorgen zu leben. Aber trotzdem galt und gilt seine tiefste Besorgnis immer Tibet und der tibetischen Gesellschaft.

NACHWORT

Dieses Buch war ein außergewöhnliches Vorhaben.

Golog Jigme rief mich an: „Shokjang wurde verhaftet!" Er fragte mich, ob ich die Presse kontaktieren könnte. Als ich bei diversen Medien anrief, wurde mir sofort bewusst, dass das eigentlich niemanden interessierte. Ein Redakteur meinte: „Rufen Sie uns wieder an, wenn es 300 sind, wenn Sie einen Trend beobachten können." Das Gefühl der Hilflosigkeit, das wir oft spüren, wenn wir von Inhaftierungen und anderen tragischen Ereignissen in Tibet hören, machte sich breit und ich habe dann mit Golog Jigme diskutiert, was man noch tun könnte, damit Shokjangs Botschaft die Welt außerhalb Tibets erreicht. Es war uns ein dringendes Anliegen, seine Gedanken, für die er inhaftiert worden ist und die die chinesische Regierung zensiert, zu verbreiten. So entstand die Idee zu diesem Buch.

Golog Jigme ist ein guter Freund von Shokjang und lebt seit 2015 als politischer Flüchtling in der Schweiz. Er ist selbst ehemaliger politischer Gefangener und war in Tibet sehr gut vernetzt und eng befreundet mit einigen Intellektuellen, die sich wie Shokjang mit dem politischen Schicksal von Tibet auseinandersetzen und zu den Wenigen zählen, die es wagen, sich öffentlich kritisch zu äußern.

Golog Jigme ist die erste Person, der wir danken müssen. Ohne ihn wäre dieses Buch nicht zustande gekommen. Er hat dieses Projekt von Anfang an tatkräftig begleitet und unterstützt. Als Freund und Kenner von Shokjangs Schriften war er maßgeblich an der Textsuche und -auswahl beteiligt. Zudem hat er uns dabei unterstützt, Shokjangs Texte richtig zu verstehen und zu übersetzen. Er hatte die Rolle eines Vermittlers, da er den kulturellen und literarischen Kontext von Shokjangs Texten sehr genau kennt und so mithalf, die Authentizität der Texte zu bewahren. Golog Jigme hat alle Hebel in Bewegung gesetzt, damit dieses Buch zustande kommen konnte. Dafür sind wir ihm unendlich dankbar.

Das Fehlen von Informationen aus Tibet ist auch heute noch einer der größten Missstände und zeigt das Ausmaß staatlicher Kontrolle und Abriegelung von der Außenwelt. An sein Buch *Für Freiheit bereue ich nichts* heranzukommen, war ein einziges Abenteuer und mir wurde einmal mehr klar, wie schwierig es für einen Schriftsteller wie Shokjang sein muss, in einem System zu leben und zu schreiben, das eigentlich Strukturen geschaffen hat, die kritische Menschen wie ihn davon abhalten wollen, das zu schreiben, was sie denken.
Ich habe alle namhaften Bibliotheken, Tibetologen und Wissenschaftler nach diesem Buch gefragt. Von Europa über Amerika bis nach Indien habe ich alle Institutionen und Privatpersonen kontaktiert, die sich mit dem modernen und zeitgenössischen Tibet befassen, aber niemand konnte mir weiterhelfen.

Einerseits mag das durchaus daran liegen, dass das Interesse an zeitgenössischer tibetischer Literatur außerhalb Tibets unter Akademikern sehr gering ist und dass deshalb diese Bücher nicht aktiv gesucht und in Bibliotheken aufgenommen werden. Anderseits muss man sagen, dass Schriftsteller wie Shokjang, die sich politisch und kritisch äußern, auf keinerlei institutionelle Unterstützung und Plattformen wie Verlage zurückgreifen können, um ihre Schriften zu verbreiten. Das heißt, dass es kompliziert ist, Bücher über Grenzen hinweg zu suchen und zu finden, die nirgends offiziell erscheinen und zugänglich gemacht werden. Diese spezifischen Schwierigkeiten auf der Suche nach diesem einen Buch verdeutlichen die Zensur und die Unterdrückung von kritischen und unabhängigen Gedanken in Tibet. Deshalb ist es umso wichtiger, seine Schriften nun auf Deutsch zu veröffentlichen. Denn Shokjangs Bücher sind in Tibet verboten.

Das Buch *Für Freiheit bereue ich nichts* von Shokjang war also nirgends zu finden. Golog Jigme hat zusammen mit Kunchok Dhundup, einem ehemaligen Kommilitonen und Mitstreiter von Shokjang, der zurzeit in Washington D. C. lebt, alle möglichen Freunde und Bekannten in Tibet kontaktiert. Auch dort blieb die Suche fast ein halbes Jahr lang erfolglos. Viele waren zu verängstigt, um darüber zu sprechen und eine Kopie des Buches aus Tibet zu schicken. Denn dies hätte wiederum von den chinesischen Behörden als „Weitergabe von Staatsgeheimnissen" eingestuft werden können und damit würden diese Menschen ihre Sicherheit riskieren. Besonders im Oktober 2017 wurde es extrem schwierig für Golog Jigme und Kunchok Dhundup, Kontakt nach Tibet herzustellen, denn während der Zeit des 17. Chinesischen Parteikongresses in Peking wurde das Internet und auch das Telefonnetz an vielen Orten in Tibet völlig blockiert.

Erst im Dezember 2017, als wir alle die Hoffnung auf dieses Buch schon fast aufgegeben hatten, schickte uns ein Mönch aus Tibet, der ein begeisterter Leser von Shokjang ist und noch ein handsigniertes Exemplar hatte, das Buch abfotografiert, Seite für Seite.

Es gab einige Hindernisse bei diesem Projekt, die von vielen äußeren und politischen Faktoren abhingen und die wir nicht beeinflussen konnten, aber ich bin berührt und stolz, dass es dank des Engagements und der Willenskraft von vielen Menschen trotzdem realisiert wurde. Ich möchte mich hier besonders bei all jenen bedanken, deren Namen wir nicht kennen und deren Namen wir auch nicht erwähnen dürfen, weil sie in Tibet leben.

Wir möchten uns herzlich bei Kunchok Dhundup bedanken. Schon nach einem kurzen Gespräch mit ihm per Skype hatten wir das Gefühl, Shokjang zum ersten Mal begegnet zu sein. Er konnte uns vermitteln, was für eine Person Shokjang ist. Das machte die Arbeit an diesem Projekt um einiges leichter, da wir den direkten Kontakt zum Autor natürlich sehr vermissten. Wir freuen uns, dass er uns als Freund und Kenner von Shokjang einen Zugang zu dessen Gedankenwelt und Person verschafft hat.

Tsewang Norbu war ein wahrer Helfer in der Not, denn dieses Buch ist unter enormem Zeitdruck entstanden. Er hat uns mit großem Einsatz bei der Übersetzung und beim Lektorat der Texte unterstützt. Ohne ihn hätten wir auf einige wertvolle Texte verzichten müssen. Wir sind ihm zutiefst mit Wertschätzung verbunden.

Iris Fricke hat in Windeseile das ganze Buch Korrektur gelesen. Danke, liebe Iris!

Eine Buchpublikation kommt nie zustande ohne Menschen, die daran glauben. Deshalb möchten wir hier besonders unseren österreichischen Freunden von *Save Tibet* für ihre großzügige Spende danken. Dieses Startkapital hat es ermöglicht, dass wir das Projekt sofort anpacken konnten. Es war aber nicht nur eine finanzielle, sondern auch eine sehr wichtige moralische Unterstützung.

Mit **FÜR FREIHEIT BEREUE ICH NICHTS** haben wir ein Zeichen nicht nur gegen die Inhaftierung von Shokjang und Tausender Tibeter gesetzt, sondern auch gegen die systematische Unterdrückung und willkürliche Kriminalisierung einer ganzen Nation.

Wir danken Shokjang. Wir hoffen, dass er dieses Buch bald in den Händen hält und spürt, dass er in diesem Kampf nicht alleine ist.

Migmar Dhakyel

TIBET INITIATIVE
DEUTSCHLAND

Die Tibet Initiative Deutschland setzt sich seit 1989 für das Selbstbestimmungsrecht der Tibeter und die Wahrung der Menschenrechte ein.

Durch öffentlichkeitswirksame Aktionen und Kampagnen, Medien- und Informationsarbeit sorgt sie dafür, dass Tibet auf die politische Agenda kommt.

Mit rund 2.000 Mitgliedern und ehrenamtlichen Aktiven in ganz Deutschland ist sie eine der weltweit größten politischen Tibet-Organisationen.

Die Tibet Initiative arbeitet politisch unabhängig, ist gemeinnützig und finanziert ihre Arbeit überwiegend durch Spenden und Mitgliedsbeiträge.

www.tibet-initiative.de